영화와 상담심리가 만나다

일러두기

* 상담 용어는 상담학 사전을, 영화치료 용어는 《영화치료의 기초: 이해와 활용》(2021, 박영 스토리)과 《영화치료의 이론과 실제》(2011, 학지사)를, 그 외 용어는 네이버 사전을 참고 하였다.
* 상담 사례는 내담자 보호를 위해 일부 각색하였다.
* 일부 대화에서 상담자(상담하는 사람)는 '상', 내담자(상담받는 사람)는 '내', 내담자가 아닌 대상(집단원, 수련생 등)은 'J'로 표기하였다.
* 상담심리사(한국상담심리학회), 전문상담사(한국상담학회), 영상영화심리상담사(한국영상 영화치료학회)를 '상담자'로 통일해서 표기하였다.
* 영화치료를 전문으로 하는 영상영화심리상담사는 한국영상영화치료학회에서 발급하는 자격증으로 1, 2, 3급이 있다.

엉켜버린 마음을 마법처럼 풀어주는
영화치료의 모든 것

영화와 상담심리가 만나다

김은지 지음 | 소우 그림

마음책방

우리의 삶을 투영하는 영화와 드라마는 일상의 의미를 통찰하고 관심을 기울이고 자신의 내면을 깊이 탐색하는 도구이기도 하다. 저자는 상담심리전문가로서 영화가 어떻게 치료적 도구가 될 수 있는지를 알기 쉽게 소개하고 있다. 이 책은 영화를 통해 어떻게 하면 내면을 탐색할 수 있는지, 그 탐색이 가져다주는 의미가 무엇인지를 알려준다. 책을 읽고 나면 무의식적으로 외면했던 '나'를 수용하고 잘 이해하여 한층 성숙해진 '나'를 만날 수 있을 것이다.

이상민 _ 고려대학교 교육학과 교수, 플로리다대학교(University of Florida) 박사,
아칸소대학교(University of Arkansas) 상담학과 교수역임

이 책《영화와 상담심리가 만나다》는 저자의 25년간 상담 경험을 통한 탁월한 통찰력과 영화치료의 모든 것을 보여주고 있다. 저자는 영화라는 빛이 던져지는 스크린을 상담심리에 적용하여, 내담자에게 숨겨진 깊고 복잡한 감정을 자연스럽게 풀어내었다. 사람들의 고통이

개인적인 경험과 상황에 따라 다르게 지각된다는 점을 영화라는 매개체를 통해 잘 끌어낸 저자의 감각에 놀라울 뿐이다. 이런 감각은 영화 『헤어질 결심』에서 시작해 『쓰리 빌보드』와 『리틀 포레스트』까지 그 과정이 풍부하게 잘 드러나 있다. 내면의 모든 묵은 감정을 영화라는 거울에 용감하게 비추어 보길 바라는 이들에게 이 책은 길고 긴 생의 무게를 견디는 지혜를 전해주기에 충분하다.

심영섭 _ 영화평론가, 임상심리전문가,
대구사이버대학교 상담심리학과 교수

오랜 시간 영화치료 전문가로 살아온 만큼 저자의 영화 통찰력과 내담자에 대한 진정성, 치유의 힘이 강렬하게 느껴진다. 책을 읽다 보면 어느새 영화에 나타나는 상황, 등장인물의 성격, 갈등과 위기를 마주하고 해결하는 과정에 동참하여 상담자와 함께 공감하고 통찰하는 자신을 발견하게 된다. 특히 '4장 영화와 사례로 만나는 상담심리'는 마음의 실타래를 풀고 내면의 평화를 마주하는 영화치료 과정과 상담의 의미가 고스란히 담겨있다. 이 책은 영화 속 다양한 이야기와 캐릭터들의 고난과 아픔, 성장 그리고 내담자의 치유 과정을 통해 한 단계 성장하는 미학적인 경험을 안겨줄 것이다.

조원국 _ 한국영상영화치료학회장, 영화치료 전문 수련 감독자,
가톨릭관동대학교 교육대학원 겸임교수

관계와 상처, 치유에 관한 이야기
결국, 우리에 관한 이야기

문득 삶이 힘겨워서, 마음이 젖은 솜 같아서 그 무게를 감당 못
해 다 내려놓고 싶을 때가 있다. 누구에게 하루 같은 인생이 나
에게는 천년만년 같을 수 있고, 자신에게 억 겹의 시간이 다른
이에게는 한순간일 수 있다. 제각기 다른 인생을 산 이들에게 똑
같은 저울로 아픔의 무게를 잴 수 없다.

　인생의 가장 힘든 역경을 지나고 있는 그때, 단 한 사람의 말
이 살아내기를 선택하게 한다. 당신을 간절히 돕고 싶다는 상담
자의 진심이 내담자의 두터운 마음의 벽을 통과하면 그제야 아
주 천천히 마음 곁을 내어주고 본연의 아름다움으로 조금씩 피
어난다.

　하지만 사람 마음은 수학 공식처럼 단순하지 않으니 비슷한

문제라도 그 속 사정이 각자 다르고, 알 것 같아서 방심했다가 중요한 부분을 놓치기 쉽다.

사람들은 변화라는 낯선 불편함을 감수하기보다 익숙한 불쾌감이 주는 편안함에 머무르려는 경향이 있다. 그래서 변화를 돕는 일은 만만치 않다. 자신이 경험하지 못한 것을 공감하는 것에도 한계가 있다. 그때 영화는 미처 경험 못 한 다양한 세계를 간접 경험하게 해주어 비슷한 결의 내담자를 온전히 만날 수 있도록 도와준다.

이 책의 주인공은 상담심리고, 조연은 영화와 영화치료다. 상담을 좀 더 쉽고 친숙하게 전하고자 영화 속 멋진 상담자와 주옥같은 '상담적 대사'들을 가져왔다. 사람의 심리와 관계를 이해하기 위해 영화 속 캐릭터도 소환하였다. 배우들이 캐릭터 분석을 하는 것처럼, 상담자도 내담자가 왜 지금의 모습으로 살아갈 수밖에 없었는지 그의 서사와 경험과 생각을 통해서 생생하게 그려보고 유추해 본다. 그런 점에서 영화 속 캐릭터는 스크린 밖의 우리와 많이 닮아있어서 '나'를 이해하는 데도 도움이 된다.

프랑스 철학자 롤랑 바르트(Roland Barthes)의 말처럼 글쓰기란 사랑하는 대상을 불멸화하는 일이다. 스무 해 이상 다양한 시간과 장소에서 만난 수많은 내담자와 있었던 일들을 적는 것은 나의 과거를 복기하는 작업이고, 사랑했던 대상을 복제하는 작업이다.

책에서 나오는 다양한 사례는 대부분 관계와 상처, 치유에 관한 이야기다. 주제는 다양하지만 결국 나와 당신, 우리의 이야기다. 나 역시 인생의 절반을 상담자로 살면서 한 길 사람 속을 아는 것이 힘들어 지친 적도 많았다. 솔직히 나의 시행착오와 상처를 꺼내는 것이 어색했으나 사람이 사람을 돕는 건 잘나고 멋진 말보다 비슷한 아픔임을 잘 알기에 용기를 내었다. 누구나 실수하고 그 실수의 합으로써 정답에 가깝게 가는 것이므로 나의 서걱서걱한 경험들이 이 글을 읽는 독자에게 도움이 되었으면 한다.

한편으로 이 책은 영화치료 선구자 중 한 사람으로서 예술치료의 한 영역인 '영화치료'를 안내하기 위해 생생한 사례 중심으로 상담 노하우를 정리하였다. 특히 부록의 '영화치료의 모든 것 10문 10답'은 스무 해 동안 가장 많이 들었던 질문을 정리한 것이다. 이 짧은 단상이 영화치료의 매력을 표현하기에는 부족하겠지만, 독자의 시선과 흥미를 끌어낸다면 절반은 성공이다.

또한, 매주 상담 슈퍼비전을 하며 상담이론과 기법을 후배들에게 알려주는데, '그래서 어떻게 상담하냐고요'라는 알 듯 말 듯 한 표정을 보면서 좀 더 손에 잡히는 상담을 알려주고 싶었다. 우리가 쉽게 접하는 매혹적인 영화와 나의 삐걱거린 경험을 통해 '상담이 참 힘들다!' 탄식하는 그들에게 힘내라고 격려하고 싶었다. 이 책은 구체적인 상담기법과 상담 방법에 대해 목말라

하는 후배 상담자들과 그들이 만나는 소중한 내담자들에게 분명 도움이 될 것이다.

책에 소개되는 사례는 내담자 보호를 위해 충분히 각색했으며, 자신의 이야기를 공유하는 것에 흔쾌히 허락해 준 내담자들에게 다시 한번 깊은 존경과 감사를 표한다.

더불어 사람의 마음을 탐구하는 심리학자이자 상담자로서 이 책이 한 번쯤 밑줄이 그어지고 책갈피로 꽂혀 다시 꺼내 보는 책이 되길 욕심내어 본다.

김은지

1장

인간의 욕망을 비추는 영화

추앙해요, 당신을

2장

마음의 통찰, 영화치료

쉿! 비밀이야

3장

상담자로 살아간다는 것

인생도 영화처럼 편집한다면

4장

영화와 사례로 만나는 상담심리

누군가의 마음, 모두의 상처

Plus Page

영화 『기생충』의 기택!
상담자를 만나다

부록

영화치료
10문 10답

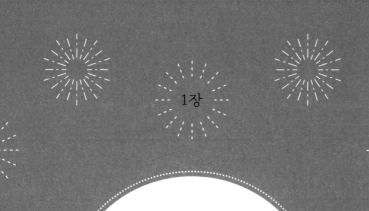

인간의 욕망을 비추는 영화

추앙해요, 당신을

의식적으로, 자각하며

감독은 영화를 통해 메시지를
전하지만 관객은 메시지를
각자의 시선으로 새롭게 받아들인다

굳이 영화관을 찾지 않아도 영화를 볼 수 있는 루트가 많이 생겼다. 두 시간 남짓한 영화로 때론 흥미롭고 때론 감동 있고 때론 웃을 수 있는 시간을 가질 수 있다는 것은 참 감사한 일이다. 코로나19 이전인 2019년 국내 1인당 연간 영화관람 횟수가 4.37회(영화진흥위원회 집계)였으니 TV나 넷플릭스 등을 생각한다면 한 달에 한두 편 이상 영화를 접하지 않을까.

유달리 영화를 사랑하는 한국인들. 우리는 어떤 기준으로 영화를 고르고 어떤 방식으로 영화를 감상할까? 보통은 리뷰 평점이나 먼저 보고 온 사람들의 평을 듣고 영화를 선택할 것이다. 이런 일반적인 관점을 '오락적 관점'이라고 한다. 영화치료에서는 전혀 다른 시각으로 접근하는데 이를 '치유적 관점'이라고 한다.

이 두 가지 관점, 즉 오락적 관점과 치유적 관점이 어떻게 다른지 박찬욱 감독의 수작 『헤어질 결심*』으로 설명하고자 한다.

오락적 관점으로 보다

오락적 관점에서 영화를 볼 때는 스토리에 초점을 두고 배우들의 행동을 보면서 인과관계를 추론한다. 엔딩이 어떻게 될 것인지가 초미의 관심사다. 영화가 어떻게 전개될지 모르기 때문에 자신도 모르게 긴장하면서 캐릭터가 기쁘면 나도 기쁘고 캐릭터가 슬프면 나도 함께 슬퍼지는 정서적인 동일시*가 일어난다. 오락적 관점에서 보는 영화의 최종 목적은 재미다. 다음은 영화 『헤어질 결심』을 관람하고 자연인으로서 친구와 나눈 대화 내용이다.

나　　　이번에 칸 영화제에서 상 받은 『헤어질 결심』 봤어?

친구　　응. 봤지. 재미있더라. 기존의 박찬욱 감독 영화를 좋아하는 사람은 싫어하고, 별로 좋아하지 않는 사람은 오히려 좋아하던데.

나　　　맞아. 난 딱 좋았어. 감독은 스스로 구식 영화라고 말하지만, 촬영기법이 세련되지 않았니? 새로운 시도를 많이 해서 그런지 보는 재미가 있더라.

---

* 　헤어질 결심(2022): 박찬욱 감독. 용의자와 담당 형사의 관계 역동을 섬세하게 그린 영화

* 　동일시(identification): 어느 대상의 생각과 감정, 행동 등을 무의식적으로 받아들여 그 대상과 비슷한 경향을 나타내는 것

오락적 관점에서 가장 중요한 부분은 영화 자체의 흥미다. 영화가 재미있으면 두 시간 남짓한 시간도 아깝지 않고 다소 부담스러운 영화 비용도 다 용서가 된다.

친구   탕웨이 너무 분위기 있고 예쁘지?

나   맞아. 한국어는 서툴러도 분위기나 외모로 압도하는 게 있어. 특유의 아우라가 캐스팅에 딱이더라.

친구   박해일도 여전히 멋있고 연기도 정말 잘해.

나   박해일이야 원래 검증된 연기자니까…. 나는 영화 끝나고 다시 회복하는 게 괜찮을까 염려되더라. 너무 몰입하니까. 전에 『은교』 찍을 때도 많이 힘들어했다고 하던데….

오락적 관점에서는 캐릭터로 분한 배우의 연기에 집중하고 배우를 본다.

친구   멜로 영화인데 묘하게 사람을 긴장시키더라. 엄청 숨죽이며 본 것 같아.

나   맞아. 어떻게 흘러갈지 모르니까 사람을 계속 집중시키게 만들더라고.

오락적 관점으로 영화를 볼 때는 무의식적으로 긴장하면서 영화를 보게 된다.

친구   그런데 탕웨이는 왜 그런 이상한 남자랑 다시 결혼한 거야?

나   영화에 잠깐 나오잖아. 박해일이 떠난 후 사랑하게 되면서 자기 마음을 정리하기 위해서(헤어지기 위해) 남자와 결혼했다고.

오락적 관점에서는 이야기 전개의 원인을 영화 속 등장인물이 취한 행동을 통해 이해한다.

친구   그런데 마지막이 좀 씁쓸하더라. 왜 굳이 그런 결정을 했을까?

나   미결 사건으로 영원히 남고 싶다고 했으니까 그랬겠지.

오락적 관점에서는 줄거리가 중요하고, 가장 큰 관심사는 영화의 결말이 어떻게 되느냐이다.

나   난 박해일이 제일 불쌍해. 여자랑 제대로 뭐 해 본 것도 없이 부인에게 버림받고 형사로서 자부심도 잃고 사랑한 여

　　　　자에게 이용당하고 결국 이별하고.

친구　　이정현도 안됐어. 자기 남편 마음이 딴 데 있다는 걸 눈치
　　　　챘을 거야. 몸은 여기 있어도 마음은 다른 여자한테 가 있
　　　　으니 빈껍데기를 데리고 사는 것 같았겠지.

오락적 관점에서는 무의식적·정서적으로 영화 속 등장인물에 동
일시되어 몰입한다.

치유적 관점으로 보다

치유적 관점에서 영화를 보는 것은 어떻게 다를까? 스토리보다
는 등장인물에 초점을 맞춰서 그들의 관계를 통해 결과를 이해한
다. 엔딩보다는 전개되는 과정을 더 눈여겨본다. 배우를 보던 시
선의 방향을 자신에게로 돌려서 어떤 캐릭터가 불편하고, 어떤
캐릭터는 마음이 편안한지, 어떤 장면에서 유독 긴장되고, 어떤
장면에서 거부감이 느껴지는지 등 내면에서 일어나는 상태에 초
집중한다. 의식적 자각 상태에서 내 마음속에서 일어나는 마음의
변화를 관찰하고 분석한다. 이 과정을 글이나 말로 표현한다.
　치유적 관점의 목적은 그동안 알지 못했던 새로운 통찰을 얻
는 것이다. 다음은 영화 『헤어질 결심』을 관람하고 상담자로서

중년 내담자와 나눈 상담 내용의 일부다.

상　　○○씨에게 가장 인상적인 캐릭터는 누구였을지 궁금하네요.

내　　저는 서래가 가장 기억에 남아요.

상　　그렇군요. ○○씨에게 서래는 어떻게 느껴졌나요?

내　　센 느낌. 팜므 파탈. 결국 남자를 붕괴시켰지요. 매력적인
　　　데 그만큼 위험하다는 느낌이었어요.

치유적 관점에서는 스토리보다는 영화 속 등장인물에 집중한다. 오락적 관점에서는 배우 이름과 캐릭터 이름을 구분하지 않아도 상관없지만, 치유적 관점에서는 한 인간으로서 배우가 아닌 영화 속에 묘사된 등장인물이 자신에게 미치는 영향을 살펴보기 위해 캐릭터 이름 사용을 원칙으로 한다.

상　　좀 더 구체적으로 설명해 주시겠어요?

내　　음… 복잡한데, 엄마를 간병하려고 간호사가 되고 보살폈
　　　죠. 그런데 엄마가 원한다고 엄마의 죽음을 도왔어요. 거
　　　기까지는 이해되었어요. 나이 많은 남편이 자신을 동물처
　　　럼 학대하고 이름을 몸에 새기고 말 안 들으면 고향으로
　　　돌려보낸다고 했으니 정말 죽이고 싶었겠죠. 나라도 그랬

을 거예요. 마음으로는 수천 번 죽이고 싶겠지만, 실제로 하는 것과는 다르잖아요. 그런데 치밀하게 살인을 준비하는 과정이나 남편 죽고 피의자로 심문받으면서 표정 하나 바뀌지 않고 감쪽같이 속이는 모습이 섬뜩했어요. 살기 위해 그랬겠지만, 남자의 진심을 알고 농락하는 것은 아니지 않나요? 이용당하는지도 모른 채 진심으로 여기고 상대에게 잘해주는 해준도 불쌍했어요.

처음에는 서래 캐릭터에 집중하다가 서서히 서래와 해준의 관계로 초점이 변화하고 있다. 치유적 관점에서는 이야기 전개의 결과를 영화 속 등장인물의 행동보다 관계 역동을 통해 이해를 시도한다.

상   처음에는 서래를 이해하려고 했으나 살인을 반복하고 해준을 이용하는 것에서 수용할 수 없게 되었군요. 해준이 불쌍하다고 느끼셨네요?

내   네. 해준도 40대 중반의 가장일 텐데, 오랫동안 주말부부라 부인 밥도 못 얻어먹고 혼자 외롭잖아요. 거기다 불면증에 시달리고. 형사로서 사명감도 있고 윤리 의식도 투철하고 대충할 수도 있는데 고집스럽게 사건 해결하려고 몰입하는 것이 대단하다 싶으면서도 안쓰러웠어요. 참 치열하게 사는구나 싶었어요.

캐릭터 서래에게 동일시된다고 말하고 있지만 해준에게 동일시되고 있음을 알 수 있다. 오락적 관점에서 가장 큰 관심사는 엔딩이지만 치유적 관점에서는 결말이 중요하지 않다. 영화 속 등장인물의 관계 역동이 어떻게 진행되어 가는가가 중요하다.

상   해준에 대한 감정이 남다르신 것 같아요.

내   40대 중반이 되니 직위도 생기고 주변도 둘러보게 되더라고요. 예전에는 안 보이던 것들도 보이고 마음 한쪽이 허전하다고 할까. 아마 해준도 그랬을 거예요. 다람쥐 쳇바퀴 돌 듯 누구보다 열심히 살아왔지만 뭔가 헛헛한, 그런 상태에서 매력적인 이성이 호감을 보이면 설레죠. 마음속으로 많이 싸웠을 거예요. 형사의 본분으로 사건의 진실을 규명해야 하지만, 한쪽으로는 서래의 매력에 빠져들고…. 서래는 도대체 어떤 여자인가요?

상   해준이 처한 상황과 갈등에 충분히 공감되시는 것 같아요. 서래에 대해서는 복합적인 감정을 느끼시는 것 같네요. 어떤 마음일까요?

내	좀 복잡한 것 같아요. 할머니들 돌보는 모습은 진심인 것 같거든요. 해준 집에 찾아와 명상으로 불면증을 치료하려는 모습도 가식적인 것 같지는 않아요. 불면증인 해준은 서래만 옆에 있으면 꿀잠을 자요. 참 묘해요. 살인자인데 사람을 돌보는 능력이 있어요. 서래는 보통 여자와 달리 적극적이에요. 해준의 출동 장소로 찾아가 검거 장면을 목격하고 늦은 밤에 재워 주겠다고 해준 집에 찾아가고. 어떻게 보면 그런 적극성이 있으니 해준과 관계가 깊어진 것 같고, 또 범죄나 거짓말을 아무렇지 않게 하는 걸 보면 선을 넘는다는 생각이 들고…. 해준도 서래의 상반된 모습 때문에 헷갈리고 힘들었을 것 같아요…. 서래가 정말 해준을 사랑했을까요? 저는 해준을 사랑한 게 아니라 단지 자신을 지켜봐 주고 보살펴 준, 그 사랑받는 느낌을 사랑한 거라고 봐요.

오락적 관점에서는 무의식적·정서적으로 동일시되었다면 치유적 관점에서는 동일시에서 그치지 않고 언어로 표현한다. 오락적 관점에서 영화 속 등장인물인 배우에게 집중하며 본 것과 달리 치유적 관점에서는 나 자신에게 집중한다. 내가 어디에 집중하고 몰입하고 있는지, 어떤 감정이 느껴지는지에 대해 의식적 자기

또는 나[*]로서 셀프 모니터링한다.

상   오늘 상담을 하면서 새롭게 깨달은 점이 있다면 나누어 주시겠어요?

내   음… 한 문장으로 정리하자면 선(線)을 넘는 자는 결코 선(善)을 베풀 수 없다.

상   오! 어떤 의미인지 좀 더 자세히 설명해 주시겠어요?

내   사이코패스지만 할머니들을 돌보고 해준의 고질병인 불면을 돕고자 하는 마음은 진심이었을 거예요. 그렇지만 이유가 있었다고 해도 살인이 정당화될 수 없고 자신의 거짓말을 덮기 위해 남자의 마음을 악용하는 것도 용서될 수는 없어요. 이미 선(線)을 넘어버린 사람은 더 이상 간병인도 치료사 역할도 할 수 없다고 생각해요. 다른 사람을 해치고 자기 뜻대로 남을 통제하면서 선(善)을 발휘할 수는 없으니까요.

전 평소에 생각은 많은데 실천을 못 하는 것에 열등감이 컸어요. 그런데 적극성이 무조건 중요한 게 아니라 행동의 방향과 정말 내가 원하는 것이 맞는지, 이 행동이 나와 다른 사람에게 피해 주는 것은 아닌지 먼저 점검해 보는 게 더 중요하다는 걸 깨달았어요.

---

*   의식적 자기 또는 나(conscious self of I): 순수한 자기 자각의 지점으로서, '높은 자기'의 인격 영역에서의 반영과 투사가 일어나는 의식의 한 부분

오락적 관점에서 영화를 볼 때는 무의식적으로 긴장하면서 본다면 치유적 관점에서는 의식적으로 자각하며 계속 분석하며 본다. 오락적 관점의 처음과 끝이 재미가 목적인 것과 다르게 치유적 관점에서는 새로운 통찰을 얻고자 한다.

영화는 나를 성장시키는 좋은 자원

영화는 감독이 의도한, 관객에게 전하고 싶은 메시지다. 그러나 관객들은 각자의 시선으로 메시지를 받아들인다. 유독 자신에게 보이고 들리는 부분에만 집중하면서 자신만의 의미로 바라본다. 그러다 보니 영화는 감독의 의도와는 달리 관객 수만큼 제각기 다른 영화로 진화되기도 한다. 영화는 한 편이지만 관객 개개인에 의해 새롭게 의미가 부여되고 새로운 깨달음을 얻으면서 제각기 다른 영화로 재탄생되기도 한다. 그 과정이 영화치료다.

몇 년 전에 사회적 분노가 있는 사람을 좋아한다는 이준익 감독의 영화『동주』를 관람한 적이 있다. 의식적 자각 상태에서 치유적인 관점으로 본 캐릭터 윤동주는 지극히 고뇌하는 청년이었다. 사촌 송몽규와의 관계에서 재능과 성격 모두 열등감을 느꼈고 부모의 기대에 미치지 못하는 것에 괴로워했다. 양심이 하는 소리에 귀를 닫는 비겁한 자신을 보는 것에 비루함까지 느꼈다.

영화를 보는 내내 한 인간으로서 처절하게 고민하고 번민한 동주가 하나의 존재로서 오롯이 나에게 전해졌다.

그래서였을까. 영화를 보면 볼수록 참을 수 없을 정도로 슬펐다. 왜 이리도 슬픈지 내 안을 들여다보니 어설픈 지식으로 감히 안다고 자만한 부끄러움과 동주가 번민한 주제가 나에게도 있어서였다. 무의식적으로 감추고 싶었던 은밀한 비겁함과 불편함을 영화『동주』를 통해 직면했던 것이다.

이처럼 영화를 통해 귀하게 채취한 사금과 같은 심리적 통찰들은 자신을 이해하고 상처를 보듬고 성장하게 해주는 좋은 자원이 된다.

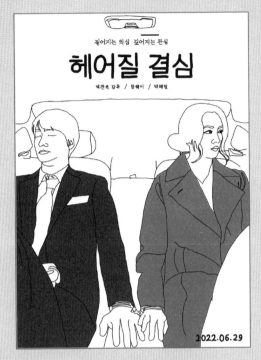

헤어질 결심, 박찬욱 감독, 2022

슬픔이 파도처럼 덮치는 사람이 있는가 하면
물에 잉크가 퍼지듯이
서서히 물드는 사람도 있는 거야.

— 영화 『헤어질 결심』 중 해준의 대사

동주, 이준익 감독, 2016

부끄러움을 아는 건 부끄러운 것이 아니야.
부끄러움을 모르는 게 부끄러운 것이지.

― 영화 『동주』 중 정지용의 대사

영화는 볼록렌즈

영화를 보다 보면 유독 볼록렌즈처럼
크게 보일 때가 있다. 그 의미를 찾는 것이
영화치료의 시작이다

같은 장소에서 똑같은 일을 겪어도 각자 기억하는 것, 느끼는 점은 다르다. 그런 경험을 일상에서 가장 쉽게 접할 수 있는 것이 영화다. 함께 영화를 봤는데, 내게 각인된 장면을 상대는 기억조차 못 하는 경우도 있다. 지난 2008년에 처음 선보인 후 계속해서 시리즈가 나올 정도로 현재까지 세계적으로 인기를 끌고 있는 애니메이션『쿵 푸 팬더*』로 상담을 진행하면서 다양한 내담자를 만났다. 내담자가 어떤 분야에 속해 있느냐에 따라 주목하는 장면이 모두 달랐다.

보는 사람에 따라 달라지다

상담대학원의 스님들 대상으로 영화치료 연수를 진행한 적이 있다. 처음 초대되는 특별한 집단이어서 어떤 영화가 적합할지 고민이 깊었고, 선택한 영화는 『쿵푸 팬더』였다. 치유적 관점으로 바라보는 영화 감상에서 스님들의 반응이 컸던 장면은 캐릭터 시푸의 명상이었다. 특히 주변의 방해 요소로 명상이 깨지는 시푸의 모습에서 폭소가 터져 나왔다. 일상에서 가장 많이 경험하는 것이고 누구보다 시푸의 마음에 공감했기 때문이었다.

교사연구회에서도 치유적으로 영화 『쿵푸 팬더』를 관람하고 집단토의한 적이 있다. A 교사는 대사부 우그웨이가 시푸에게 미션을 남기고 떠나는 장면이 마음에 와닿았다고 했다.

교사 A　어려운 미션을 맡아 망연자실하는 마음과 스승의 유언을 지키고자 고뇌하는 시푸 사부의 마음이 너무 공감되어요. 평소 의지하고 존경하던 선배가 하던 임무를 갑작스러운 사정으로 제가 맡게 되었어요. 너무 부담스러웠지만 그 선배가 애쓴 노력을 알기에 포기 못 했어요. 평소 자신감이 부족해서 두려움이 컸기에 저 자신과의 싸움이었지요. 큰 도전이었지만 결코 못 할 것 같은 일을 해내면서 스스로에 대한 믿음이 생긴 것 같아요.

반면에 B 교사는 전혀 가능성이 없어 보이는 포를 끝까지 포기

＊　쿵푸 팬더(Kung Fu Panda, 2008): 마크 오스본&존 스티븐슨 감독. 자존감의 의미에 대해 생각하게 하는 영화

하지 않고 재능을 발견하는 시푸에게 감동했다.

> 교사 B   무적의 5인방을 최고의 쿵후 달인으로 만든 시푸지만 기
> 본기가 안 된 포를 훈련시키는 미션은 불가능에 가까웠을
> 거예요. 그렇지만 관심과 관찰력으로 포의 숨겨진 잠재력
> 을 발견한 시푸는 정말 훌륭한 스승이라고 생각해요. 포
> 자신도 몰랐던 3미터 높이를 단숨에 올라가고 완벽한 다
> 리 찢기를 하는 능력을 발견하고 음식에 대한 집착을 쿵
> 후 훈련에 활용했지요. 과연 나는 가르치는 사람으로서
> 각자의 장점을 찾고 그들에게 맞는 방법을 찾아내려는 관
> 심이 있나? 노력하고 있는가? 자문하게 되네요.

진지하게 고민하는 B 교사의 마음 자체가 이미 스승이었다. 다른
교사들은 시푸가 만두로 포를 훈련하는 장면을 유쾌하게 봤으며,
드디어 만두를 쟁취하지만 더는 의미가 없어진 만두를 내던지고
새롭게 스승과 제자로 거듭난 두 사람의 관계에 감동했다.
　청소년들에게는 포의 장점과 단점을 나누고 어떻게 자신의 단
점을 보완해 가는지 성장 과정에 초점을 맞추어 보라고 한 뒤
토의했다. 아이들은 포의 단점으로 쿵푸 달인이 되기에 맞지 않
는 체격 조건, 기본기가 없음, 음식에 대한 집착이 강함, 진로 결

정에 대한 부모의 반대 등을 꼽았다. 장점으로는 3미터 높이를 단숨에 올라감, 완벽한 다리 찢기, 근거 없는 자신감과 낙천성, 열정, 우직함, 왕따당해도 잘 버팀 등을 꼽았다.

아이들은 국수의 맛 비결과 용문서의 비법에 관해 관심을 가졌고 결국 해답은 자신에 대한 믿음임을 알고 놀라워했다. 단점 투성이 포의 장점을 찾으면서 관점이 변화되었고, 특히 포의 핸디캡인 체지방이 타이렁의 공격에 자신을 보호하는 에어백으로서 타격감 1도 없는 단단한 맷집이 된다는 것에 즐거워했다.

영화치료는 모둠 피자

손녀   할배, 기역(ㄱ)이 뭐예요?

덕수   기역? (소녀상을 바라보며 회상에 찬 표정으로) 이런 게 기역이다. 옛날 거 막 생각나고 오래돼도 잊히지도 않고.

손녀   (이해가 안 된다는 듯) 그럼 니은(ㄴ)은요?

덕수   (엉뚱하게 대답했음을 알고 멋쩍은 표정으로 손녀의 손을 이끌며) 가자.

영화 『국제시장*』 초반부에 나오는 캐릭터 덕수와 손녀의 대화다. 한참 한글을 배우는 손녀는 'ㄱ'에 대한 기억이 헷갈렸는지

---

*   국제시장(2014): 윤제균 감독. 시대적 변화 속 아버지의 희생에 대해 고찰하는 영화

할아버지에게 물었고 덕수는 기억(memory)으로 이해하여 잘못 설명한다. 짧은 장면이지만 선택적 주의*를 잘 보여주는 장면이다. 사람들은 자기가 듣고 싶은 대로 듣고 보고 싶은 대로 본다.

지난 2015년 '한국상담심리학회 추계학술대회' 특별 프로그램의 대담 진행자를 맡았을 때 게스트로 초대된 윤제균 감독으로부터 영화의 숨겨진 이야기를 들을 수 있었다.

영화『국제시장』은 찢어지게 가난한 환경에서 악착같이 살다 병으로 작고한 아버지와 대학교 1학년에 가장의 옷을 물려받아 생계형 감독이 된 자신의 이야기였다. 윤 감독이 가장 공들여서 만든 장면은 영화 후반부다. 노인이 된 덕수가 아버지 옷을 끌어안고 그동안 너무 힘들었다고 방에서 혼자 우는 사이 거실 밖에서는 덕수 가족들이 모여 즐겁게 노래 부르고 손뼉 치는 장면이다.

감독이 전하고 싶었던 메시지가 '한 남자의 희생이 있었기에 그 가족들은 행복하게 웃을 수 있었다'인지 모르겠으나, 영화를 보는 관객들에게는 자신의 관심사와 현재의 이슈에 따라 새로운 메시지로 전달된다. 영화를 보는 각자에게 임팩트를 주는 장면과 대사, 캐릭터는 모두 다르다. 유독 볼록렌즈처럼 크게 보이고 스피커를 단 것처럼 크게 들리는 부분이 있다. 그리고 그 다름의 의미를 찾아내는 것이 영화치료의 시작이다.

함께 치유적으로 영화를 보면서 각자 자신이 감동받은 부분을 얘기하고 내가 생각지도 못한 부분을 다른 집단원이 이야기하는 것을 보고 놀라는 경우가 많다. A의 이야기를 들으면 A 관점으로 보이고, B의 이야기를 들으면 B 관점으로 보이는 것이 참 마술 같다. 아! 저렇게 볼 수도 있네, 저렇게 해석할 수도 있네, 놀랍고 경이로울 뿐이다. 그 경험들이 축적되고 생각이 확장되고 지혜가 겹겹이 쌓인다.

각자 자기가 좋아하는 맛의 피자를 한 조각 가져왔는데 그걸 모으면 모둠 피자가 되어 다양한 맛과 향을 맛볼 수 있는 것처럼 참여한 사람의 숫자만큼 다양한 관점이 생기고 폭넓게 사고하게 되니 영화치료에서 추구하는 통합적 사고와 다양한 관점의 확장이 훈련되는 것이다. 그래서 난 영화치료 별칭을 '모둠 피자'라고 부르고 싶다.

---

* 선택적 주의(selective attention): 환경에서 들어오는 다양한 정보 중 특정한 정보에 주의하는 것으로 현재 자신에게 필요한 정보를 선택하는 것

욕망을, 보다

욕망은 무의식·언어·사랑·예술 등
삶의 모든 것을 생각하는 힘이며
인간은 자신이 욕망하는 것을 본다

지난 2020년 트로트 열풍이 대한민국을 강타했다. 도대체 트로트가 왜 좋을까? 죽을 때까지 트로트를 좋아할 일이 절대 없다고 강력히 주장했던 1인이었는데 그때부터 트로트 마니아로 살고 있다. TV 채널을 돌리다가 TV조선 오디션 프로그램 『미스터 트롯』의 멤버가 나오면 무조건 멈췄다. 출현 프로그램 시간을 기다려 정주행하고 다시 보기로 역주행했다. 내가 생각해도 증세가 꽤 심각했다. 그 덕분에 할 일이 계속 미뤄져 스트레스를 받는데도 자꾸 보고 싶었다. 활기찬 예능감에 흐뭇해서 웃고 감성을 울리는 목소리에 눈물을 훔치기도 했다. 그들의 연대감과 끈끈한 우정도 좋았고 짓궂게 장난치다가도 진심으로 격려하는 모습도 보기 좋았다. 바쁜 일정을 소화하면서도 계속 새로운 모습을 선보이고 나날이 실력이 늘어가는 그들의 모습도 감동적으로 다가왔다.

이상하다. 난 분명 트로트 극혐자였는데 왜 갑자기 이러는 걸까? 원인 없는 결과가 없듯 이유 없는 행동 또한 없으니, 겉으로 드러난 행동을 통해 내 무의식을 유추해 봐야겠다. 일단 내가 좋아하는 방송을 쭉 적어보았다.

『슈퍼스타K』,『위대한 탄생』,『팬텀싱어』,『미스터트롯』,『댄싱9』,『스트릿 우먼 파이터』…

모두 오디션 프로그램이다.

트로트가 중요한 게 아니었다. 성악, K팝, 트로트 등 음악 장르는 다양하다. 뮤지컬과 댄스도 있다. 큰 카테고리가 오디션이라는 것이 더 의미가 있다. 자, 그럼 다음 단계! 난 왜 오랜 세월 오디션 프로그램 마니아로 산 것일까?

음… 잘 모르겠다.

난이도를 낮춰서 최애 프로그램의 공통점부터 찾아보았다. 일단, 아름다운 목소리와 멋진 음악으로 고막이 행복하다. 예선부터 결승까지 긴 여정 동안 수많은 역경이 있다. 또 그것을 극복하는 감동적인 서사가 있다. 우승까지 가는 과정이 한 편의 감동적인 드라마다. 참가자들의 희로애락과 고뇌와 갈등에 동일시되어 그 일련의 과정을 동행하는 느낌이다. 마음으로 응원하여

---

*   남산의 부장들(2020): 우민호 감독. 1979년 대통령 암살사건을 배경으로 한 남자의 심리적 갈등을 그린 영화

좋은 성과를 내었을 때는 마치 내가 상 받은 것 같은 간접 성취감마저 든다.

나름 설득력 있다. 그런데 왠지 2퍼센트 부족하다. 수년간 오디션 프로그램 마니아로 산 이유로 충분하지 않다. 의외로 해답은 J의 『남산의 부장들*』을 관람한 이유에서 찾을 수 있었다.

영화 선택의 비밀

영화는 좋아하고 즐겨 보지만 절대 안 보는 영화 부류가 있었다. 『변호인*』, 『1987*』, 『택시운전사*』, 『남산의 부장들』 같은 영화였다. 동시대를 살았기에 그 상처가 얼마나 크고 힘든지 알고 있기에 감정이입이 되어 못 견딜 것 같아서라고 했다.

그런 그녀가 한동안 무기력하고 기분이 계속 가라앉는 우울한 상태에서 기분전환을 위해 선택한 영화는 아이러니하게 『남산의 부장들』이었다. 평소 기분이 처질 때는 코믹 장르를 선택하는데 그날따라 회피 영화 중 한 편을 선택한 것이다. 선택의 이유는 의외였다.

"이병헌 배우가 거기서 그렇게 연기를 잘한다고 보고 온 사람마다 얘기해서요. 딱히 보고 싶은 영화도 없던 차에 궁금해지더라고요."

---

*   변호인(2013): 양우석 감독. 1980년대 '부림사건'을 배경으로 한 영화

*   1987(2017): 장준환 감독. 1987년 6월 민주 항쟁의 기폭제가 된 박종철 고문치사 사건을 배경으로 한 영화

거부감이 들 줄 알았는데 웬걸 처음부터 영화에 몰입되면서 스토리, 연기, 배경이 보이기 시작했고, 역시나 배우들의 연기에 집중되었다. 명품 연기가 참 멋지다고 느꼈다. '와! 저런 장면에서 저런 연기를 하다니 미쳤다. 저 정도의 명품 연기가 나오려면 얼마나 오랫동안 노력했을까? 억겁의 시간 동안 뼈를 깎는 고통으로 만들어진 연기겠지!' 존경심이 들면서 한편으로는 부럽고 질투까지 느껴졌다.

그녀는 배우들의 명품 연기를 보면서 자신도 저런 클래스가 되고 싶다는 생각에 가슴이 일렁이기 시작했다. 초점이 배우 연기에서 혼신의 힘을 다해 멋진 작품을 만들어낸 감독으로 바뀌었다. 그제야 자신이 왜 회피 영화를 궁금하다는 이유로 굳이 보려 했는지 이해가 되었다. 그리고 '나도 할 수 있어. 지금 이렇게 무기력하게 처져 있을 때가 아니야. 최고의 실력자가 되기 위해서 이런 노력과 힘듦은 당연한 거야. ○○야. 나태해지지 말자'라고 자신을 격려하며 의지를 다지자 등과 머리에서 따뜻한 기운과 떨림이 전해졌다. 벌써 한 걸음 성큼 걸어가는 자신이 눈앞에 보였다.

또 자신이 사업을 시작할 때 도달하고 싶은 목표가 있었다는 것도 깨달았다. 마음속에 살던 영양가 없는 나쁜 룸메이트 '내게 무슨 문제가 있나? 지금껏 실력도 없으면서 내 잘난 맛에 살았

---

* 택시운전사(2017): 장훈 감독. 5·18 민주화운동의 진실을 알린 독일인 기자와 함께한 택시 운전사 김사복의 이야기를 다룬 영화

던가!'를 쫓아냈다. 자신을 나약하게 만드는 마음의 소리에 접근 금지령을 내린 것이다.

수많은 고뇌와 시행착오를 뚫고 나온 장면들이 합쳐져 멋진 영화가 되는 것처럼, 이탈리아 장인이 한 땀 한 땀 만든 명품 작품처럼 장인정신으로 자신도 명품을 만들고 싶다는 욕망이 그녀를 다시 일어서게 했다. 그렇게 그녀는 자기조력적 영화치료*에 성공했다.

내면의 무의식을 깨우다

그녀의 이야기를 들으면서 오디션 프로그램 마니아가 된 진짜 이유(2퍼센트 부족했던 자기 분석의 답)를 깨달았다. 오랜 기간 월급 받는 직장인으로 살다가 상담센터를 운영하면서 출강을 많이 다니게 되었다. 모든 연수는 당연히 평가를 하고 강의 평가가 좋지 않으면 재출강할 수 없다. 출강했던 기관뿐 아니라 업계에 소문이 나서 러브콜이 끊길 수도 있다. 반면에 강의 평가가 좋으면 계속 연결이 되고 새로운 기관에 추천을 받아서 스펙트럼이 점점 넓어진다. 나는 매일 반복하는 일이지만 참여자들에게 나는 초면의 강사다. 단 한 번의 만남으로 끝날 것인가, 지속적인 인연이 될 것인가는 그날의 강의 평가(오디션 결과)로 결정된다.

의식 수준에서는 내가 하는 일이 한 번도 오디션이라고 생각해 본 적이 없지만 나의 무의식은 긴장감이 가득한 서바이벌 오디션이라고 느끼고 있었던 거다. 그래서 그 프로그램을 통해 참가자들에게 동질감을 느꼈고 더 감정이 이입되고 몰입되고 진심으로 그들을 응원한 거였다.

프랑스 철학자 라캉(Jacques Lacan)의 말처럼 욕망은 무의식·언어·사랑·예술 등 삶의 모든 것을 생각하는 힘이며, 인간은 자신이 욕망하는 것을 본다. 그런 점에서 자신이 보는 영화와 채널을 통해 자신의 숨겨진 욕망을 이해하는 것도 꽤 괜찮은 자신을 이해하는 방법이다.

---

*   자기조력적 영화치료(self-help cinema therapy): 영화감상치료의 종류. 영화치료의 선
    구자 게리 솔로몬은 우리의 삶에서 스스로를 돕기 위해 이미 영화를 활용하고 있으며,
    영화치료는 일상에서 자연스럽게 이루어지고 있는 자가 요법이라고 주장함

쿵푸 팬더, 마크 오스본&존 스티븐슨 감독, 2008

생각이란 수면과 같은 법. 동요하면
들여다보기 힘들지. 반면 차분히 진정하면
해답은 분명하게 보이지.

— 영화 『쿵푸 팬더』 중 우그웨이의 대사

미스터트롯, 2020, TV조선

노래하는 사람이 되고 싶어요.

– 오디션 프로그램 『미스터트롯』 중 출연진 대사

A or B, A and B

우리는 이미 삶 속에서 스스로를
돕기 위한 목적으로 영화를 활용하고 있으며
일상에서 영화치료가 이루어지고 있다

내 삶에서 중요한 가치는 직업에서의 성공과 행복한 가정생활이
지만 솔직히 둘 다 잘하기는 녹록지 않다. 워킹맘은 일과 가정이
라는 두 직장을 365일 연중무휴로 다니는 셈이다. 거기다 계속
공부를 해야 하는 직업군이라 주말에도 전공 연수, 세미나 참석
을 하니 퍽이나 고단하다. 문득 이런 생각들이 스멀스멀 올라온
다. 내가 무슨 영화를 누리겠다고 이렇게 사나? 과연 이렇게 사
는 게 맞는 걸까? 이러지도 저러지도 못한 갑갑한 상태에서 사막
의 단비처럼 만난 영화가 『디어 미*』다.

　영화 『디어 미』의 캐릭터 마가렛은 분초를 다투며 치열하게
사는 커리어우먼이다. 같은 회사에 야망이 큰 약혼자도 있다. 일
곱 살의 마그릿이 30년 후의 자신에게 쓴 편지를 읽게 되면서

가슴 깊이 묻어두었던 아픈 과거가 기억난다.

일곱 살 되던 해, 아버지의 사업 실패로 전기와 수도가 끊기고 온 집에 압류딱지가 붙고 결국 아버지는 가족을 떠났다. 가난에 지친 엄마는 어린 마그릿을 기숙사 학교로 보내면서 과거를 다 잊고 성공하라고 한다. 마그릿은 가난이 가족을 해체한 거라 믿고 이름도 세련되게 마가렛으로 개명하고 오직 성공만을 향해 달린다. 어린 시절의 편지를 계속 읽어가면서 자신이 진짜 원했던 꿈은 아프리카에 물 못 마시는 사람들을 위해 우물을 파는 NGO가 되는 것이었다는 것을 기억해낸다.

과연 누구의 욕망이었나?

나는 왜 어릴 때부터 성공한 커리어 우먼이 될 거라고 했을까? 기억을 쫓아가 보니 어릴 때 엄마가 한 말이 생각났다. 대학 시절 꿈이 컸던 스물둘의 엄마는 열정적인 아버지의 구애로 학업을 중도 포기한 채 어린 신부가 되었고 십 년간 임신과 출산을 반복하며 네 명의 자녀를 낳았다. 가난한 공무원의 아내로 살면서 이루지 못한 한이 많아서였는지 "넌 결혼을 늦게 해라. 대학 졸업하고 대학원도 나오고 유학도 다녀와서 전문직이 되어 서른 둘쯤 결혼해"라는 말을 자주 하셨다. 장녀인 나는 그 말을 쭉 들

---

* 디어 미(With Love… from The Age Of Reason, 2011): 얀 사뮤엘 감독. 상처받은 내면 아이 치유와 참 자기와의 만남을 통해 삶의 진정한 의미를 생각해 보게 하는 영화

으며 성장했고 당연히 그렇게 되어야 한다고 생각한 것 같다.

캐릭터 마그릿의 엄마가 장녀인 마그릿에게 "과거를 돌아보지 말고 앞만 봐", "가난은 나쁜 거야", "성공을 향해 앞만 보고 달려"라는 말을 듣고서 마그릿이 과거를 다 지운 것처럼, 어쩌면 난 엄마가 이루지 못한 꿈을 이뤄내야 하는 장녀로 성장된 건 아니었을까?

다섯 살이었다. 여느 아침처럼 정해진 시간에 청소차가 왔다는 신호음이 들리는데 코피가 난 엄마는 누워서 일어나지 않았다. 차가 떠나면 안 된다는 생각에 혼자 작은 휴지통을 들고 나가 무사히 임무를 마쳤다. 영웅담을 자랑했고 엄마는 옅은 미소로 잘했다며 머리를 쓰다듬어 주었다. 지금 생각해 보면 그 작은 키로 까치발을 세우며 동네 아줌마들 사이에서 "이것도 버려 주세요!" 소리를 내지르는 일이 얼마나 버거웠을까. 그래도 다섯 살의 어린 나이에 '이걸 안 하면 엄마가 죽을지 모른다'라는 막연한 공포가 있었던 것 같다. 힘들어도 이 일을 해내야 엄마가 죽지 않을 거라는 막연한 믿음을 가졌던 것 같다.

여섯 살의 기억도 있다. 외출해야 하는 엄마는 그날따라 날 맡길 데가 없었는지 세숫대야에 물을 가득 채운 후 작은 바가지를 내 손에 쥐여 주면서 엄마가 올 때까지 이걸로 놀고 있으라고 말하고 나갔다. 시간이 얼마나 지났는지 모르겠다. 어린 내게는 세상이 멈춘 듯 너무 긴 시간이었다. 웅크리고 앉아서 계속 물을 푸는 일은 지루하고 힘들었다. 마음 같아서는 그만두고 싶었지만 혹시 그만두면 엄마가 돌아오지 않을까 막연한 두려움에 참았던 것 같다.

초기 기억을 종합해 보면 어릴 때 절대적 존재였던 엄마를 잃지 않기 위해서 '내 힘에 부대끼고 버겁고 하기 싫은 일이라도 견뎌야 한다'라는 신념이 생긴 것 같다.

그렇다면 어릴 때부터 성공한 커리어 우먼이 되겠다는 마음은 진짜 내 것이었을까? 엄마의 가치가 내사*된 것은 아니었을까? 어떠한 내가 되어야지 사랑받고 버림받지 않을 수 있다는 '조건부 가치'가 형성된 건 아니었을까?

마그릿의 엄마와 마그릿을 보면서 나와 엄마의 관계, 그리고 내 삶의 중요한 가치를 깊이 연결해 볼 수 있었다. 손뼉도 두 손을 맞대야 소리가 나듯이 부모가 준 수많은 정보 중에서 난 그 정보들을 선택했고 강한 의미를 부여했다. 과거의 어린 내게 그 정보들은 치명적이었을 것이다. 하지만 현재의 성장한 나는 새롭게 가치를 부여할 수 있다. 끊임없이 내게 노크하는 욕구와 가치, 마음의 소리에 귀 기울이기를 멈추지 않는 한.

영화는 무수히 많은 장면과 스토리들로 연결되어 있어서 기억 창고 깊숙이 묻어 두었던 것을 다시 끄집어내는데 탁월한 도구

---

*   내사(introjection): 타인의 관점이나 주장 또는 가치관을 깊이 생각해 보지 않고 자신의 것으로 받아들이는 것

임을 새삼 또 깨달았다.

영화에서 통합을 배우다

다시 영화로 돌아가 보자. 마그릿에게는 같은 꿈을 실현하기로 약속한 어릴 적 남자 친구가 있었는데 그는 진짜 우물을 파는 사람이 되어 있었다. 일반적으로 이런 경우 인생의 가치관이 바뀐 주인공이 성공한 애인을 과감히 버리고 소박한 구 남자 친구를 선택할 거라고 예상한다. 하지만 영화는 이런 진부한 전개와 달리 마그릿은 자신과 다른 약혼자의 욕구와 가치를 인정하며 인생의 파트너로서 유지한다. 그리고 구 남자 친구와는 비즈니스 파트너로서 아프리카 사람들을 위해 우물을 파는 NGO로 활동한다. 영화 끝부분에 탈무드 같은 멋진 대사가 나온다(영화가 좋은 이유 중 하나는 명대사들이 내 삶의 좌우명이 되어준다는 점이다).

"나는 현재 마그릿으로 살고 있다. 가끔 나는 필요할 때 옛 친구 마 가렛(페르소나*)을 찾아간다."

평소에는 자신의 진정한 욕구인 타인에게 도움을 주는 NGO로 살다가 필요한 경우(펀드를 모으고 PT로 설득해야 하는 등) 능숙했

---

* 페르소나(persona): '가면'이라는 뜻을 가진 라틴어로 심리학적으로 타인에게 파악되는 자아 또는 자아가 사회적 지위나 가치관에 의해 타인에게 투사된 성격을 의미함

던 커리어우먼으로서 능력을 십분 활용한다는 의미로 해석된다. 머릿속에서 전구가 번쩍 켜진 느낌이었다. '와! 이런 식으로 문제를 풀어갈 수도 있구나!' 영화 속 주인공이 문제를 해결해나가는 방식을 관찰하면서 소중한 삶의 지혜를 배울 수 있었다.

영화 『디어 미』를 보면서 A형 영화(느림의 미학, 비우는 것이 참 자유를 준다는 메시지를 주는 영화)와 B형 영화(참고 인내하고 노력하면 열매는 달다는 메시지를 주는 영화)에서 무언가 찜찜하고 부족하게 느껴졌던 'A or B'(하나를 선택하고 하나를 버리는 것)에서 'A and B'(함께 조화를 맞추는 통합)를 배우게 되었다. 그동안 묵직했던 마음의 체증이 사이다처럼 뻥 뚫린 자유로움을 느낄 수 있었다.

머릿속에 막연한 개념으로만 있던 통합을 눈앞에서 가상 체험한 느낌이었다. 『디어 미』는 한 인간으로서, 또 상담자로서 '통합과 조화'라는 철학을 확립시켜 준 나의 인생 영화가 되었다.

우리는 이미 영화로 치유 중

자기조력적 영화치료(self-help cinema therapy)는 《영화 처방전(motion picture prescription)》(1995)의 저자이자 영화치료의 선구자 게리 솔로몬(Gary Solomon)이 주창한 개념이다. 그는 우리가 이미 삶 속에서 스스로를 돕기 위한 목적으로 영화를 활용하고 있으며, 일상에서 영화치료가 이루어지고 있다고 주장했다.

실제로 사람들은 정서 조절을 위한 목적으로 영화를 선택한다. 기분이 꿀꿀하면 자신에게 맞는 장르(배꼽이 빠져라 신나는 코미디, 아드레날린이 분출되는 액션, 진한 감동이 있는 멜로, 머리카락이 쭈뼛 서는 공포 등)의 영화를 무의식적으로 선택한다. 자신의 인생 영화나 드라마가 지금의 자신에게 어떤 영향을 주었는지 찬찬히 살펴본다면 자기조력적 영화치료의 의미를 헤아려 볼 수 있을 것이다.

디어 미, 얀 사뮈엘 감독, 2011

오스카 와일드가 말했어.
"꿈이 충분히 커야만 그 모습을
시야에서 놓치지 않는다"고.

— 영화 『디어 미』 중 마그릿의 대사

라빠르망, 질 미무니 감독, 1996

그녀도 당신을 찾았을 거예요. 다만,
접근하는 게 서툴렀겠죠. 너무 사랑할 때는
남에게 상처 주는 것도 모르는 법이죠.

— 영화 『라빠르망』 중 알리스의 대사

선택 그리고 완벽한 실패

영화로 치유받기 위해서는
정보를 받아들이는 자신의 유형이
감각형인지 직관형인지 아는 것이 도움된다

영화 『인셉션[*]』 같은 부류를 오랫동안 기다렸다. 뻔하지 않은, 기존의 틀을 완전히 깨부수는 감독의 기똥 찬 상상력에 경외심이 드는 그런 영화! 개봉 후 영화 맛집이라는 입소문을 탔고 영화치료학회 슈퍼바이저[*]들도 간만에 좋은 영화가 나왔다고 칭송하였다. 당장이라도 영화관으로 달려가고 싶었지만 안타깝게도 박사 논문 발표를 코앞에 둔 상황이라 시간이 허락되지 않았다. 안타까움에 주변에 괜찮은 영화니 꼭 보라고 열심히 홍보하고 추천했다.

그날도 그랬다. 같은 직장에 근무하는 J 씨가 "모처럼 주말에 가족들과 극장에 갈 건데, 좋은 영화 있으면 소개해 주세요. 소장님이 영화 전문가시니 안목을 믿겠습니다" 해서 망설임 없이

『인셉션』을 추천했다. 주말이 지나고 다소 상기된 표정으로 J 씨가 말했다.

"소장님, 실망했어요. 제가 우리 소장님이 추천해 주신 영화니 엄청 재미있을 거라고 큰소리쳐서 가족들과 같이 봤는데 너무 재미없어서 결국 중간에 나왔잖아요."

어리둥절해하는 내게 자기뿐만 아니라 영화를 보던 많은 사람이 보다가 나갔다고 했다. 분명 학회 슈퍼바이저들의 호평도 있었고 재미있을 것 같다고 확신한 영화였다. 직접 확인해야겠다 싶어 영화관을 찾았다. 역시나 영화는 기대 이상으로 재미있고 흥미진진했다. 상상도 못 한 새로운 전개 방식에 심장이 쫄깃해지며 짜릿한 전율까지 느꼈다. 그런데 멋진 장난감을 발견해서 들뜬 아이 같은 나와는 달리 남편의 표정에는 어떠한 감흥도 없었다. 이해가 되지 않았지만 워낙 재미있고 만족했기에 의구심은 곧 사라졌다.

"뭔 영화가 이렇게 정신이 없어요"

모 대학에서 교사 연수를 진행했다. 영화치료를 해달라는 요청을 받고 무슨 영화를 선정할까 고민하다가 영화 『라빠르망*』을 선택했다. 영화치료는 영화 전편을 다 볼 수 있는 여건이 되지 않

---

* 　인셉션(Inception, 2010): 크리스토퍼 놀란 감독. 타인의 꿈에 들어가 생각을 훔친다는 기발한 아이디어로 펼쳐지는 액션 SF 영화

* 　슈퍼바이저(supervisor): 공인된 상담학회에서 1급 이상의 자격을 갖춘 상담 전문가, 수련 감독자

아서 주로 영화를 편집한 클립*을 사용한다. 그날도 40분 정도 편집한 클립을 보여주었다. 『라빠르망』은 시제가 순차적으로 진행되지 않고 과거-현재-미래를 자유롭게 넘나드는 역순환 구조의 영화다. 거기다 내용의 3분의 2를 덜어내었기에 시제가 상당히 섞여 있었다.

참여자들과 함께 영상을 보면서 수십 번 봐도 역시 명작은 명작이라는 감동과 좋은 영화를 공유한 것에 스스로 뿌듯하고 만족스러웠다. 영상이 끝나고 10분간 휴식을 가졌다. 영화의 잔상에 취해 있던 내게 한 여교사가 다가오더니 전혀 예상치 않았던 말을 했다.

"지금까지 영화 보면서 이렇게 머리 아픈 적은 처음이에요. 뭔 영화가 이렇게 정신이 없어요. 내용 이해하려다가 머리가 지끈지끈 아파죽겠어요. 왜 이런 영화를 고르셨어요!"

여교사는 머리가 아파서 더는 못 듣겠다면서 가방을 들고 나갔다. 뒤통수를 해머로 한 대 맞은 느낌이었다. 모든 교사가 그녀와 동일한 감정을 느낀 건 아니었지만 적어도 한 참가자에게는 내가 기대했던 영화치료의 효과를 전혀 주지 못했다. 완벽히 실패했다.

처음으로 마주한 상황이었기에 혼란스러운 감정을 추스르고 왜 그런 감정을 느꼈을지 가설을 세워보았다. '영화 자체를 싫어

---

* 라빠르망(L'Appartement, 1996): 질 미무니 감독. 불안정 애착으로 집착하는 한 여성의 사랑을 그린 반전이 있는 미스터리 멜로 영화
* 클립: 긴 필름의 한 단편으로, 편집 작업 시 해당 장면에 필요하지 않아 잘라 낸 필름 조각. 종종 다른 장면으로 연결 시 삽입용 화면으로 사용함

하는 사람인가?' 아니면 '영화 장르나 내용이 선호하지 않는 스타일이었을까?' 아니면 '강사인 내가 비호감이었나?' 그것도 아니면 '연수 도중에 나갈 합당한 핑계가 필요했던 걸까?' 아니다. 다시 여교사가 한 말을 생각해 보았다. 분명히 영화를 이해하는 게 어렵고 힘들다고 했다. 무엇이 그렇게 영화를 이해하기가 어려웠을까?

휴식 시간이 끝나고 모둠별 집단토의를 진행했다. 성실한 교사 집단답게 모두 열심히 잘 참여하였고 연수는 훈훈하게 마무리되었다. 그렇지만 내게는 풀어야 할 수수께끼가 남아 있었다.

정보를 받아들이는 유형 두 가지

'콩국수 개시'라는 글씨를 보고 홀린 듯이 식당 문을 열었다. 작은 테이블이 서너 개 놓인 아담한 공간에서 친절한 미소의 여사장이 주문을 받았다. 얼마 지나지 않아 단골로 보이는 아저씨가 들어왔다. 아저씨 손님이 "여기 있던 TV 어디로 치웠어?"라고 묻자 사장은 "안 나와서 버렸지"라고 답했다. "그 TV 크고 좋던데 아깝구먼." 그 뒤 사장의 말이 의외였다.

"그 TV 버린 지 일 년도 더 됐어."

매일 오는 단골인데 꽤 큰 TV가 없어진 걸 왜 일 년이나 지나서 인식했을까? 그 이유를 짐작할 수 있었다.

저분도 나처럼 직관형(intuition)이군!

정보를 디카로 찍듯이 오감으로 받아들이는 감각형(Sensing)과는 달리 직관형은 오감이 떨어지기 때문에 자신이 관심을 두는 것 외에는 잘 보이지 않는다. 정말 안 보여서 지나치는 건데 의도적이라고 오해를 받는 경우도 많다.

나는 심한 직관형이다. 20년 된 친구가 쌍꺼풀이 있는지 없는지도 모른다. 30년 넘게 다니던 길도 딴 골목으로 들어가면 길을 잃는다. 꼼꼼하고 현실적이고 실용적인 것을 추구하는 감각형에 비해 직관형은 엉뚱하고 창의적이며 남들과 차별되는 독특한 것을 좋아한다. 가성비보다는 가심비를 추구한다고 할까. 순서대로 차례차례 접근하는 현실적인 감각형에 비해 직관형은 순차 개념이 없어서 이것저것 뒤섞여서 일 처리를 하는 편이다. 어느 유형이 좋고 나쁨이 아닌 정보를 받아들이는 방식이 다르게 태어난 것이다.

MBTI 감각형과 직관형의 영화 선택

앞에서 품었던 수수께끼는 수년간 영화치료 집단과 연수를 거듭하면서 정보를 받아들이는 방식에 따라 관람자들이 선호하는 영화가 다르다는 걸 알게 되었다. 정보를 순차적으로 차례차례 받아들이는 감각형은 영화 전개 방식이 과거-현재-미래 순으로 진행되는 영화가 이해하기 쉬우며 인지적으로 내용이 충분히 이해되어야 정서적인 감동을 느낄 수 있다는 것을 알게 되었다. 영화의 흐름을 좇아가지 못하면 내용을 이해하는 데 많은 에너지를 소비하게 되고, 그러다 보면 답답하고 불편하니 정작 영화치료사가 의도한 정서적 효과는 기대할 수 없는 것이다.

비로소 시제와 관점이 뒤섞여 있고 편집까지 한 영화 『라빠르망』의 클립을 보는 게 왜 머리가 지끈지끈 아팠는지, 직관형인 내게는 너무 신나고 재미있는 영화 『인셉션』이 왜 재미가 없어서 비싼 티켓값을 포기하고 중도에 나왔는지, 평소 영화 꽤나 보는 남편(감각형)이 두 번을 봐도 이해가 안 되어서 어떠한 재미도 감흥도 느끼지 못했는지 그 해답을 찾을 수 있었다.

직관형은 순차 개념이 아예 없는지라 1차 꿈에서 4차 꿈까지 자유롭게 넘나드는 방식을 이해하는 데 전혀 어려움이 없었고, 오히려 기존의 틀을 깨는 자유로움에 신나고 전율을 느끼며 더 집중할 수 있었다. 정서적 감동은 원 플러스 원으로 당연히 따라온 것이다. 그리고 보니 『인셉션』에 감동받은 영화치료학회 슈퍼바이저 모두 직관형이었다(참고로 한국인은 직관형보다 감각형의 숫자가 훨씬 많다).

영화로 치유받기 위해서는 정보를 받아들이는 자신의 유형(감각형/직관형)을 알고 있는 것이 좋다. 이왕이면 자신의 유형에 맞는 영화를 선택하기 바란다.

2장

마음의 통찰, 영화치료

쉿! 비밀이야

아, 통찰!

사람은 여러 색깔이 섞인 무지개와 같다.
아름다움에도 추함이 있고
추함 속에도 아름다움이 있다

영화치료는 치료적 수단 혹은 심리 상담의 목적으로 영화를 활용하는 심리치료다. 영화치료의 핵심은 영화 내용에 관한 토론이 아닌 관람자에게 어떤 장면이 어떻게 영향을 주었는지 민감하게 살펴보고 그 이유를 찾아가며 자신을 깊이 있게 이해하는 데 있다.

영화치료의 상담 과정을 엿보다

오랫동안 부와의 갈등으로 힘들어한 남자 대학생이 상담실을 찾아왔다. 내담자의 영화목록 중에서 최근에 인상 깊게 보았다는 영화 『쓰리 빌보드*』를 선택했다. 그를 통해 영화치료의 상담 과정을 단계별로 정리해보고자 한다. 먼저 영화에 대한 전반적인 감상과 기억에 남는 장면, 대사, 캐릭터에 대해 질문한다.

영화치료 1단계 : 동일시

내담자는 가장 인상적인 캐릭터로 경찰관 딕슨을 선택했다.

상   여러 인물 중에서 딕슨이 인상적인 이유가 궁금하네요.

내   처음부터 쭉 마음에 안 들었어요. 경찰관이 아니고 완전
       깡패지. 경찰이라는 직업을 제멋대로 휘두르고….

말하면서 뭔가 떠오르는 표정으로 불쾌한 표정을 짓고 있다. 의미 있는 반응이다.

상   캐릭터 딕슨이 마음에 들지 않았군요. 경찰관답지 못하다
       고 느꼈나 봐요.

내   네. 마마보이에 멍청하고 쉽게 흥분하고 죄 없는 사람에게
       감정적으로 대하고. 화난다고 사람을 2층 창문에서 던지
       고. 아! 딱 싫어요.

딕슨에게 투사적 동일시*가 일어나고 있고 그 대상을 확인할 필요가 있다.

---

*   쓰리 빌보드(Three Billboards Outside Ebbing, Missouri, 2018): 마틴 맥도나 감독. 생존자 죄책감에 시달리는 부모와 미성숙한 경찰이 성장해 나가는 과정을 그린 영화

*   투사적 동일시(projective identification): 클라인(M.Klein)이 제시한 방어기제의 하나. 자신의 내적 세계를 외적 대상에게 쏟아놓고 그 대상을 재내면화하는 판타지 과정

상	딕슨 얘기할 때 많이 흥분하는 것 같아요. 혹시 주변에 떠오르는 사람이 있나요?
내	주변에? 모르겠는데… 아버지가 좀 비슷한 것 같기도 하고….

내담자의 주 호소 문제는 아버지와의 관계 갈등이었고 아버지와 캐릭터가 동일시되었다는 것은 의미 있는 통찰을 가져올 수 있을 것으로 기대된다.

영화치료 2단계: 카타르시스

아버지에 대한 부정적인 감정을 토로하고 있다.

상	딕슨과 아버지는 어떤 점이 비슷할까요?
내	그 인간도 입이 거칠고 밖에서 스트레스받고 와서는 우리한테 풀어요. 우리는 이유도 모르고 당하고요. 겉으로는 번지르르한 직업인데 열등감이 많은지 심심하면 잘 흥분해요.

인칭 대명사 '인간'을 통해 내담자의 아버지에 대한 감정을 짐작할 수 있다.

상	감정적으로 행동하는 모습이 비슷하군요.
내	네. 말도 안 섞어요. 그림자도 보기 싫고 웬만하면 그 인간 있을 때는 집에 있지 않고 나와버려요. 같은 공간에서 숨 쉬기도 싫어요. 존경할 부분이 없으니까요.

오랜 기간 아버지에 대한 부정적인 감정이 쌓여 있으며 내담자는 존경할 수 있는 아버지이길 바라고 있음을 알 수 있다. 대조적으로 윌러비 서장의 언행, 인품, 가치관에 탄복했으며 서장의 죽음을 안타까워하고 딕슨에게 남긴 유서 내용에 대해 받은 감동을 표출하였다.

영화치료 3단계: 통찰
내담자는 영화에서 의외의 장면이 있었다고 했다. 관점이 변화한 지점이 궁금했다.

상	그래요? 어떤 장면인가요?
내	간판 방화를 당연히 딕슨이 했다고 생각했는데 알고 보니 밀드레드의 남편이 한 거였잖아요. 그 장면을 보는데 어쩌면 그 인간도 저렇지 않을까 싶었어요.
상	아! 좀 더 구체적으로 얘기해 주시겠어요?

상당히 의미 있는 반응이다. 구체화할 필요가 있다.

> 내　　전 그 인간은 원래 나쁜 인간, 악당이라고 생각했고 한 번
> 　　　도 의심하지 않았거든요. 그런데 어쩌면 아닐 수도 있겠다
> 　　　는 생각이 처음으로 들었어요. (아!) 어쩌면 나도 덮어놓고
> 　　　아버지의 행동을 다 나쁘게 보는 것은 아닐까 하는 생각
> 　　　이 들었어요.
> 상　　나쁜 짓은 무조건 딕슨이 했다고 생각하고 믿은 것처럼
> 　　　말이지요.

내담자 언어 반응에서 인칭 대명사가 인간에서 아버지로 바뀐
것에 주목할 필요가 있다.

> 내　　네. 또 이제 경찰이 아니니 굳이 안 해도 되는데 범죄자를
> 　　　잡기 위해 차량 번호를 확인하고 DNA를 채취하기 위해
> 　　　몸 사리지 않고 뛰어들었잖아요.
> 상　　맞아요. 저도 그 장면에서 딕슨이 책임감 있는 경찰다워
> 　　　보였어요.

영화 캐릭터에 대한 부정적인 관점이 긍정적인 관점으로 변화되

고 있다.

내   딕슨은 다혈질이고 화나면 제멋대로지만 경찰로서 맡은 임
    무는 소신껏 책임감 있게 했잖아요. 우리 아버지도 성격적
    으로 문제가 많지만 적어도 직장이나 가장 역할은 책임감
    있게 한 것 같아요. 딕슨이 일찍 아버지를 대신해 가장 역
    할을 한 부담감 때문에 분노가 많다고 하니 조금은 납득이
    되더라고요. 어쩌면 아버지가 지금 저렇게 된 것도 나름의
    이유가 있을 수 있겠다… 뭐 그런 생각이 좀 들었어요.

영화 캐릭터를 통합적인 관점으로 바라보고 관찰자 관점에서 이
해된 캐릭터와 자신의 아버지를 연결 지어 생각하고 있다.

상   딕슨은 악당이라고만 생각했는데 경찰관으로서 소신 있
    고 책임감 있는 모습도 있고 선천적으로 나쁜 사람이라고
    생각했는데 그럴 수밖에 없었던 환경이 이해된다는 거지
    요? (네.) 그래서 ○○씨 아버지도 그렇지 않을까 하는 생
    각이 드신 거네요.
내   네. 맞아요. 딕슨이 경찰서 화재 위기 촉발 상황에서 사건
    파일을 안고 나오는 모습도 감동적이었어요.

상   상당히 의미 있는 통찰을 하신 것 같아요. ○○씨는 아버
      지와의 관계가 힘들어서 찾아오신 거라 지금의 통찰이 더
      욱 중요한 의미인 것 같아요.

영화치료 4단계: 삶에서의 적용

내담자의 고정된 사고의 틀이 유연해지고 있다.

상   저는 딕슨이 밀드레드를 찾아와서 희망보다 실천이 더 중
      요하다고 격려하는 모습이 인상적이었어요. 자신을 끝까
      지 믿어 준 서장과 자신을 용서해 준 레드의 영향을 받아
      서 변화하는 것 같았어요. ○○씨는 어때요? 주변에 윌러
      버나 레드 같은 사람이 있나요?

내   음… 엄마도 저를 믿어 주는 편이고 좋은 선생님들도 있
      고 좋은 친구나 선배도 있죠. 그러고 보니 아버지에게는
      그런 사람이 없는 것 같네요….

상   이렇게 의미 있는 통찰을 했는데 ○○씨의 생활 속에서 어
      떻게 적용할 건지 함께 의논해 보면 좋겠어요.

내   적용이라… 갑자기 아버지랑 사이좋게 지내고… 이런 건
      못하겠는데요.

상   당연히 그렇지요. 마술도 아니고. 아주 작은 사소한 거라

도 이번 주에 실천할 수 있는 것 한 가지를 정해 보면 좋겠
어요.

우리는 아버지를 부모가 아닌 관찰자 입장에서 보는 것을 목표
로 정했다. 첫 번째 과제로 어머니에게 아버지의 성장 환경, 특히
친조부와 부의 관계에 관해서 물어보는 것을 선택했다.

한 주가 지났다. 내담자는 어머니를 통해 친조부가 부에게 한
행동들을 듣고 자신이 그런 상황이었으면 정신병에 걸리거나 진
작에 가출했을 거라고 아버지가 불쌍하다고 했다. 몇 주간 관찰
자 관점으로 바라보기를 진행했고 아주 천천히 거리 좁히기를
시도했다.

가장 인정받고 싶은 사람에게 오랜 세월 지속적인 상처를 받
았기에 관계 회복이 쉽지는 않다. 다만 여전한 아버지의 태도에
과거에는 5.0 진도로 흔들렸다면 이제는 똑같이 화나고 상처받
지만 시간이 좀 지나면 측은지심이 생기고 머리로 이해가 되니
2.5 진도로 흔들린다는 차이의 변화가 생겼다.

영화치료로 얻을 수 있는 것

영화치료의 상담 과정은 동일시-카타르시스-통찰-삶에서의 적

용 등 4단계를 거친다. 남자 대학생 내담자는 영화 속 캐릭터에 집중하면서 가장 힘든 대상인 아버지와 연결하였고 이전과는 전혀 다른 관점으로 보았기에 여전히 같은 대상이지만 부정적인 감정에서 해방될 수 있었다.

영민하게 통찰하는 모습은 마치 아름다운 경관을 보는 듯 벅찬 감동을 준다. 사람은 단 하나의 색깔이 아닌 여러 색깔이 섞인 무지개와 같다. 어느 시인의 말처럼 아름다움에도 추함이 있고 추함 속에도 아름다움이 있다.

상담도 그런 게 아닐까. 한 사람을 바라볼 때 그 사람 고유의 색도 보지만 그 옆의 푸른빛과 보랏빛도 있다는 것을 알도록 가르쳐 주는 것, 그래서 정반합(正反合)의 관점을 가르쳐 주는 것이라고 생각한다. 그런 목적에서 치유적 관점에서 보는 영화는 멋진 매체다.

쓰리 빌보드, 마틴 맥도나 감독, 2018

우린 천국에서 만나게 될 거야.
만일 천국이 없다면
당신과 있었던 이곳이 천국이었어.

— 영화 『쓰리 빌보드』 중 윌러비의 대사

여인의 향기, 마틴 브레스트 감독, 1992

탱고는 실수할 게 없어요.
인생과 달리 단순하죠.
만약 실수해도 다시 추면 되니까.
실수를 해서 발이 엉키면 그게 바로 탱고예요.

— 영화 『여인의 향기』 중 프랭크의 대사

나만의 랍비

백 번의 통찰보다 삶 속에서
한 번의 작은 실천이
더 중요하다

인간은 늘 미래를 고민하고 걱정한다. "나도 67세가 처음"이라고
한 배우 윤여정의 말처럼 60이 되었다고 인생을 알 수 있는 것
은 아니다. 어른이 되어도, 상담자로 살아도 인생은 여전히 어렵
고 미래는 막막하다.

　영화는 등장인물의 행동을 통하여 본보기를 제시하는 기능을
한다. 새로운 정보를 제공하며 스크린 속 인물에 대해 관찰하고
행동을 평가하면서 자신의 문제 해결책에 대한 논의를 촉진한
다. 이렇게 영화를 관찰이나 대리학습의 도구로 사용하는 것을
영화치료의 지시적 접근(The Prescriptive Way)이라고 한다.

영화에서 답을 구하다

정신장애를 주제로 2006년에 개발한 '인간이해와 이상심리' 영화치료 프로그램의 8회기를 진행하고 있었다. 영화 『여인의 향기*』의 전반적인 감상과 기억에 남는 장면 그리고 자살 심리와 우울증에 대해 나누었다.

상담자로 5년째 활동하고 있는 J는 자신이 과연 상담자로서 재능과 자질이 있는 건지, 앞으로 계속 이 일을 해도 될지에 대해 고민하고 있었다. 이번에는 초심 상담자 J를 통해 관찰학습의 상담 과정을 단계별로 정리해 보았다.

관찰학습 1단계: 주의

J는 영화 『여인의 향기』 중에서 권총 자살을 시도하려는 프랭크를 찰리가 온몸으로 필사적으로 막아내며 자살을 막기 위해 설득하는 장면이 가장 기억이 남는다고 했다.

상　　그 장면에서 든 생각과 느낌에 대해 좀 더 자세히 얘기해 주실 수 있나요?

J　　불안불안했어요. 저런 위기 상황에서 나라면 온몸이 다 얼어붙을 것 같은데, 어떻게 어린 학생이 저렇게 대처할

---

*　여인의 향기(Scent of a Woman, 1992): 마틴 브레스트 감독. 우울증과 자살심리 및 예방에 대해 생각해 볼 수 있는 영화

수 있었을까요! 정말 대단해요. 찰리가 하는 대사가 전부 감동이었어요.

상   구체적으로 어떤 부분이 감동적이었고 대단하다고 느껴졌을까요?

상담자의 구체화 질문으로 모호한 화자의 감정과 생각을 명료화하도록 도울 수 있다.

관찰학습 2단계: 저장

다음은 영화의 긴 러닝타임에서 J의 관심이 가장 집중되었고 기억 속에 저장된 부분이다.

J   자기도 무서웠을 텐데 목숨 걸고 프랭크의 생명을 살리기 위해 포기하지 않는 용기가 대단했어요. 위기 촉발인데 끝까지 침착함을 잃지 않는 그 내공도 부러웠고요. 프랭크가 자신이 악하다고 했을 때 '악한 게 아니다. 단지 고통을 겪는 거다'라고 관점을 바꾸는 것도 대단하다 싶었어요.

상   찰리의 용기와 내공이 부러웠군요. 프랭크가 자신에 대해 부정적인 평가를 할 때 관점을 전환하는 것도 감동적이었고요. 자세히 기억하고 있었네요. 기억나는 다른 부분이 또 있을까요?

J   아까 강의하실 때 자살 시도자는 죽기 직전까지 생사 고민
       을 한다고 하셨는데, 프랭크도 그랬던 것 같아요. 프랭크
       가 묻잖아요. "내가 살 이유를 하나만 대봐." 찰리가 두 개
       나 말했어요. 누구보다 탱고를 잘 췄고 페라리를 잘 몰았
       다고. 그때 프랭크가 흔들리는 것 같더라고요. 진짜 중요
       한 순간이었는데 찰리가 대답을 너무 잘했어요. 가장 베
       스트였던 대답은 프랭크가 "난 어디로 가야 하지?"라고
       물었을 때 찰리가 "스텝이 엉키면 그게 탱고예요"라고 한
       부분. 카! 정말 예술이었어요.

J는 주인공 찰리의 대사에 큰 감동을 받았으며 강렬한 정서도
함께 기억으로 저장되었다.

상   찰리가 실제로 겪으면서 느낀 진심이어서 프랭크에게도 전
       달된 것 같았어요. 찰리의 말을 들으면서 자신이 잘하고
       너무 좋아하는 두 가지가 있는 이 세상에 머물고 싶다는
       욕구가 올라온 것처럼 보였어요. 그 장면에 대한 J의 생각
       과 감정은 어떠했나요?

J   상담도 배우지 않은 고등학생 찰리가 어째 5년째 상담하

고 있는 나보다 더 상담을 잘할 수 있지! 찰리가 참 대단
하다 싶으면서도 '나는 왜 저렇게 못 할까' 하는 생각도 들
었어요.

관찰학습 3단계: 동기화

J는 초심 상담자로서 이 장면을 상담자의 전문역량에 초점을 맞
추고 있고, 찰리와 자신을 상담자의 관점에서 비교하면서 자책
하고 있다. 다음 단계는 J의 현실적 고민으로 브릿징* 하였다.

상	찰리가 정말 대단하다 싶어 감탄도 되면서 동시에 자신과 비교하니 내가 많이 부족하다는 생각도 드는 것 같았군요. 좀 더 자세히 얘기해 주실 수 있나요?
J	석사 학위 따고 상담 현장에서 5년간 열심히 상담하고 있는데, 사실 이 직업을 평생 해야 할지 모르겠어요. 배워야 할 것이 끝도 없고, 내가 이 분야에 재능이 있는 건지도 모르겠어요.
상	맞아요. 상담은 공부해야 할 스펙트럼이 정말 넓지요. 상담자로서 재능이 있는지 모르겠다고 했는데 왜 이런 생각이 들었는지 궁금하네요.

---

* 　브릿징(bridging): 영화와 내담자의 현실에 다리를 놓는 기술

상담자와 슈퍼바이저 두 사람의 대화도 심리 상담과 거의 유사하다. 촉발 사건을 확인하기 위해 구체적인 질문을 하였다.

상   그런데 J는 참 대단한 것 같아요. (제가요?) 찰리가 위기 상황에 대처하는 것을 주의 깊게 집중하고, 찰리가 한 대사를 다 외우고, 그 대사가 프랭크에게 어떻게 영향을 주고 있는지 다 파악하고 있잖아요. 그러면서 동시에 찰리를 상담자에 대입해서 자세와 태도를 모델링하고 있고요. 상담자로서 가장 중요한 내담자에 대한 애정 어린 관심과 뛰어난 관찰력, 민감성과 통찰력이 충분히 있는 것으로 보이는데요.

J는 상담자에게 필요한 역량인 관찰력과 변별력, 타인의 강점과 관계 역동을 민감하게 파악하는 능력이 뛰어났다. 자신이 잘하는 부분에 대해서는 과소평가하고 타인이 가진 장점에 대해서는 과대평가하는 패턴을 갖고 있기에 집단상담에서 보여준 J의 강점을 반영하였다.

J   이게 다 선생님에게 배운 거죠. 칭찬받으니깐 쑥스러운데요. 근데 얘기해 주신 부분이 저한테 조금 있는 것 같긴

하네요. 하하.

상   모든 사람이 J처럼 영화를 보면서 이렇게 발견하고 느낄
     수 있는 건 아니에요. 상담자로서 정말 필요한 역량을 가
     지고 있는 거라고 생각해요.

J   아! 금방 찰리가 프랭크에게 누구보다 탱고를 잘 췄고, 페
     라리를 잘 몬다고 한 그 장면이 오버랩되네요. 최근에 제
     가 상담자로서 재능이 없다는 생각에 자존감도 많이 떨어
     지고 혼란스러웠는데, 선생님이 제가 잘하는 부분에 대해
     구체적으로 말씀해 주시니 설득이 되면서 상담자로서 효
     능감이 올라간 것 같아요.

의도한 것은 아니었지만 집단상담 때 보인 J의 강점을 반영한 것
이 영화 속 장면으로 재연되었던 것이다.

상   와! J는 통찰력이 갑이네요. 하하.

J   또 기억나는 부분이 있어요. 찰리가 생명 귀한 줄 알라고
     했을 때 프랭크가 "난 생명이 없어. 난 어둠 속에 있단 말
     이야. 어둠뿐이야"라고 소리친 부분요. 거기서 프랭크가
     좀 이해되었어요. 후천적으로 시력을 잃은 고통이 이 사람
     에게는 이미 죽은 것으로 느낄 만큼 엄청나구나! 그래서

죽으려고 했구나…. 그전에는 왜 죽기까지 할까 이해가 안 되었는데….

J는 꾸준히 영화치료 집단상담에 참여하면서 영화를 이미 치유적으로 보고 있었고 영화 속 캐릭터 프랭크를 내담자로서 사례 개념화하고 있음을 알 수 있다.

상 그 장면에서 프랭크의 고통이 얼마나 큰 것이었는지 전해졌군요.

J 네. 역시 내가 경험하지 않고선 상대의 아픔을 알 수 없다는 생각도 들었고, 제가 평소 상담하면서 내담자에게 '이해한다'라는 말을 자주 했는데, 그게 어쩌면 내담자에게 이해받지 못한다는 느낌을 준 건 아니었을까? 내가 너무 습관적으로 이해한다, 공감한다를 남발하는 건 아닌가 하는 생각이 들었어요.

치유적 관람을 하면서 J는 프랭크의 아픔을 이해하며 상담자로서 자신의 모습을 점검하였고 진지하게 검토할 필요성을 느끼고 있었다.

관찰학습 4단계: 실천

내담자의 말속에 숨겨진 욕구와 두려움에 초점을 맞추면 문제를 해결하는 지름길이 된다.

상 이해한다는 말이 오히려 내담자에게는 이해받지 못한다는 느낌을 줄 수 있다는 거지요? 의미 있게 들리네요. 좀 더 자세히 얘기해 주실래요?

J 5년 차가 되니 사례도 많이 경험했고, 그래서 예전보다 덜 긴장하고 좀 자연스러워진 것 같긴 해요. 그런데 매일 힘든 사람을 만나니 고통에 대해 무뎌진 것 같아요. 제가 요즘 "○○씨 마음 충분히 이해합니다. 그 마음 이해할 수 있어요" 이런 말을 많이 쓴 것 같은데, 스스로 물어보게 되네요. '너, 정말 그 사람 마음 이해하는 것 맞아?'라고.

상 예전보다 전문역량은 나아진 것 같은데 진정성은 오히려 퇴보하고 있다는 말로 들리네요. 누군지는 모르겠지만 고민하게 만드는 사례가 있는 것 같네요. 그분을 진심으로 이해하고 싶어 하는 것 같아요. 어떠신가요?

추가 탐색 결과, J는 최근 강도 높은 사례를 맡게 되었고 그 속에서 역전이*를 경험하고 있었다. 역전이에 혼란스러워하면서 내담자가 이해되지 않는 것을 내담자에게 들킬까 봐 애써 이해하는 척했고 상담에 진전이 없는 것에 대해 자책하고 있었다.

> 상   이제 고민의 이유가 선명해진 것 같은데, 구체적으로 무엇을 실천해 보면 좋을까요?

백 번의 통찰보다 삶 속에서 한 가지 작은 실천이 더 중요하다. 사소하지만 구체적이고 명료하며 즉시 실시 가능한 행동 목표를 함께 세웠다.

> J   용기를 내야 할 것 같아요. 솔직히 그 내담자가 이해되지 않는다는 것을 인정할 용기요. 그 사례로 슈퍼비전* 받으려고요. 그리고 계속 일어나는 역전이를 해결하지 않으면 상담자로서 성장할 수 없으니 이제 더 미루지 않고 분석 받을 거예요. 아! 이해하지 못하면서 습관적으로 이해한다는 말부터 그만하려고 해요.
>
> 상   네. J가 잘할 거라고 믿어요. 지금 의미 있는 통찰과 실천 약속도 했는데 소감이 어때요?
>
> J   음… 제가 처음에 상담자가 되려고 했던 그 마음을 다시 들여다보고 싶어요. 5년이 지나도 여전히 같은 자리에 맴

---

*   역전이(countertransference) : 전이현상이 상담자에게서 나타나는 것

*   슈퍼비전(supervision) : 슈퍼바이저가 상담자를 대상으로 내담자에게 제공한 상담의 적절성을 평가·자문하여 훈련시키는 일련의 행위

돌고 있는 것 같아서 답답했는데, 결국 찰리처럼 내가 더 단단해지고 내담자 앞에서 진실해지는 것, 화려한 기법보다 내담자를 향한 진정한 관심과 애정이 중요하다는 것을 느끼게 되었어요. 찰리가 프랭크를 포기하지 않았듯이 제 내담자를 포기하지 않고 잘 가고 싶어요.

상   처음에는 상담을 계속해도 될까요? 하고 고민했지만 지금 말속에는 상담자로서 계속 잘해 보겠다고 얘기하고 있으시네요. (하하. 진짜네.) 의미 있는 통찰을 얻은 것 같아요. 실천하기로 한 약속 잘 수행하면서 조금씩 성장하길 바랍니다. 시행착오를 겪더라도, 스텝이 엉키면 그게 탱고인 것 아시죠? 하하.

역전이로 혼란스러웠던 J는 영화치료 집단상담 후 개인 슈퍼비전을 받았고 용기를 내서 10회기 개인 분석도 받았다. 상담자로서 타고난 감각이 뛰어난 J는 좋은 상담자로서 오늘도 아름다운 탱고를 추고 있다.

심리적으로 지혜가 필요한 순간

지시적 접근은 관찰학습의 효과를 잘 활용하는 영화치료의 대표적인 접근법이다. 영화 속 등장인물의 문제 해결 방식을 그대로 모방하여 일상에 적용할 수 있도록 조력한다.

J가 영화『여인의 향기』의 캐릭터 찰리를 통해 자신의 모습을 되돌아보고 상담자의 진정한 태도와 마음가짐을 깨달은 것처럼 영화 속 다양한 캐릭터들은 때로는 멋진 스승이 되어 구체적인 문제 해결법을 친절하게 보여주기도 한다. 단순히 메시지만 전달하는 말보다 눈으로 보여주는 영상에는 강력한 힘이 있기 때문이다.

J의 말처럼 '상담'은 참 어렵다. 공부해야 할 범위가 끝도 없다. 그 끝없음에 지치기도 하지만 한편으로는 평생 상담자로 살기로 한 이상, 계속 탐험할 미지 영역이 있다는 것이 매력적이고 설레기도 한다. 사람의 마음을 이해하는 것에 대해, 잘 살아간다는 것에 대해, 심리적으로 조력한다는 것에 대해 지혜가 필요할 때 우리는 영화 속 캐릭터가 건네는 대사를 통해 내 안의 랍비를 만날 수 있다. 그 만남은 우리에게 나아갈 방향을 알려주고 소진함에서 구원할 힘을 준다.

아프게 만나고, 멋지게 이별하기

영화는 내가 어떤 사람이며
현재 나의 심리적 위치가 어디인지
친절하게 알려주는 거울이다

정신분석의 창시자 프로이트는 '선 표상[*] 후 감정'이라고 했다. 먼저 표상을 확인한 후 그 이미지에 따른 감정을 확인한다. 영화는 무수히 많은 장면의 총합이어서 묻어두었던 기억과 추억, 아픔들이 건드려진다. 관심을 기울이고 초집중하는 의식적 자각 상태로 영화를 보면 묻어두었던 기억과 추억, 아픔이 무의식의 장소에서 의식의 공간으로 이동하게 된다.

영화, 내면의 방어벽을 뚫다

자신이 좋아하는 영화로 우울증을 치료하고 싶다며 20대 여성이 찾아왔다. 먼저 인생 영화 목록을 확인했다. 그녀의 영화 목록에는 『라라랜드*』, 『타이타닉*』, 『티파니에서 아침을*』 등이 있었다. 각각의 영화에서 가장 임팩트 있었던 장면을 함께 보면서 왜 이 장면이 감정 촉수를 건드렸는지 탐색했다.

영화 『라라랜드』를 볼 때였다. 아름다운 뮤지컬 영화인데 가장 기억에 남는 장면은 의외로 주인공 두 사람이 다투는 장면이었다. 이유는 잘 모르겠지만 그 장면이 가장 기억에 남는다고 하였다.

상　　이 장면이 가장 기억에 남는군요. 이 장면에 대한 감정은 어떤가요?

내　　안타까워요.

상　　그 안타까움은 어디에서 오는 걸까요?

내　　두 사람이 서로 사랑하고 있는데, 서로 오해해서 다투고 있으니까요.

영화가 무의식을 켜는 스위치 역할을 해 주었다면 상담은 서서히 더 중요한 내담자의 실제 세계로 들어가야 한다. 영화가 내밀한 세계로 들어가는 방어벽을 허무는 데 성공했다면 이제 진짜 내담자의 이야기로 주제를 전환하면서 브릿징 단계로 넘어간다.

---

* 　표상(representation): 원래의 것과 같은 인상을 주는 이미지 또는 형상
* 　라라랜드(La La Land, 2016): 데이미언 셔젤 감독. 청춘들의 꿈과 사랑을 그린 영화

상   혹시 이 장면을 생각하면 떠오르는 기억이 있을까요?

내   글쎄요…. 어릴 때 자다가 부엌에 나왔는데 부모님이 식탁
      에 앉아서 다투고 계셨어요.

상   어떤 내용으로 다투고 있었나요?

내   저에 관한 얘기였는데, 제 성적이 잘 나오지 않는 것에 대
      해 서로 당신 탓이라고 싸우고 있었어요.

상   그걸 지켜보는 ○○씨 마음은 어땠나요?

내   안타까웠어요. 왜 싸울까 싶고. 안 싸우면 좋겠는데….

여기서 내담자가 선정한 영화 장면과 동일한 감정을 말하고 있
다는 것에 의미가 있다. 이 둘을 연결 지었다.

상   영화 장면을 보고 안타깝다고 했는데 똑같은 감정이네요.

내   그러고 보니 밤에 식탁에 앉아서 다투는 부모님과 두 주
      인공의 그 장면이 똑같네요.

상   그걸 바라보는 ○○씨 마음도 똑같이 안타까웠고요.

내   음… 맞아요. 신기하네요. 그냥 영화 속 기억나는 장면일
      뿐이었는데 그게 내 경험과 연결되어 있을 거라고는 생각
      하지 못했어요.

---

*   타이타닉(Titanic, 1998): 제임스 카메론 감독. 타이타닉호의 침몰 사고를 바탕으로 두
     남녀의 슬픈 사랑 이야기를 그린 영화
*   티파니에서 아침을(Breakfast At Tiffany's, 1962): 블레이크 에드워즈 감독. 부유한 삶과
     진실한 사랑이라는 상반된 가치에서 갈등하는 여성을 그린 영화

그렇다. 영화를 보면서 학창 시절 한밤중에, 식탁에 앉아 다툰 부모님을 목격한 장면과 그때 느꼈던 감정을 의식의 수면 위로 떠올린 것이다. 우리는 좀 더 깊이 그 장면이 현재의 내담자에게 어떤 영향을 미쳤고, 증상과 관련하여 어떤 의미인지 탐색했다.

우울증 내담자의 영화 처방전

내담자는 우울증으로 인해 식사를 수시로 걸러 피부와 모발이 많이 거칠었고 야위었고 기력이 없었다. 건강 회복이 시급했기에 하루에 두 끼 이상 식사할 것과 영화 『리틀 포레스트*』 관람하기를 상담 과제로 처방했다. 상담자가 상담 목표에 적합한 영화를 선정해서 내담자에게 처방하는 것을 순방향 셀렉팅*이라고 한다.

영화를 처방할 때는 영화에 대한 간단한 소개와 함께 처방 의도를 설명해 준다. 영화 속 캐릭터 혜원은 내담자와 비슷한 또래였고 과거 힘든 상태였으나 건강한 먹거리를 직접 짓고 키우면서 자신의 몸과 마음을 잘 돌보는 좋은 모델링이 될 수 있을 거라고 안내했다.

일주일 후 내담자는 영화가 참 좋았다고 했다. 구체적으로 기억에 남는 장면을 묻는 말에 혜원이 맛있는 떡볶이와 무지개떡을 만들어 친구들과 함께 어울려 먹는 장면과 한밤중에 세 친구

---

*   리틀 포레스트(2018): 임순례 감독. 20대 청춘의 진로와 자기 돌봄에 대해 생각해 볼 수 있는 영화

*   순방향 셀렉팅(forward selecting): 상담자가 치료에 도움이 된다고 판단한 영화를 내담자에게 과제로 내거나 회기 시간에 보는 방식

가 계곡에서 다슬기를 잡으며 노는 장면이 인상적이었다고 했다.

> 상   어떤 점이 좋았나요?
>
> 내   은숙이 아빠 몰래 담금주를 가지고 온 것도 재미있었고,
>   혜원이 하늘을 향해 자유롭게 누워 별 보는 모습도 좋았
>   던 것 같아요.
>
> 상   또 기억에 남는 부분이 있을까요?
>
> 내   음… 재하와 혜원이 서로 좋아하는데, 그걸 모르는 은숙
>   이 재하가 좋다면서 그 둘 사이에 막무가내로 끼어드는 것
>   이 기억에 남아요.

여기서 내담자가 중립적인 단어가 아닌 '막무가내'라는 부정적인
감정의 단어를 사용하고 있다는 것에 의미를 둘 필요가 있다. 상
담의 중요한 실마리가 될 가능성이 있는 말을 내담자가 했을 때
좀 더 심층적으로 탐색한다.

> 상   은숙이 그렇게 끼어드는 것을 볼 때 어떤 마음이 들었나요?
>
> 내   쟤는 왜 저 둘 사이를 방해하지? 이해가 되지 않고 짜증이
>   났어요.

내담자의 표정과 억양에서 부정적 감정이 투영되고 있다.

상   좀 더 자세히 설명해 주실 수 있나요?
내   친구라면 둘 사이가 발전하도록 도와줘야 하지 않나요?
     재하가 혜원을 좋아하고 혜원도 재하에게 관심 있는 걸
     알면서, 저렇게 들이대는 건 아니라고 봐요.

내담자의 표정이 점점 더 굳어지고 감정의 강도가 커졌다.

상   은숙의 태도가 마음에 들지 않았네요. 재하에 대해서는
     어떤 마음이 들었어요?
내   둘 다 친구인데 둘 사이에 끼어서 곤란할 것 같아요. 자기
     는 혜원을 좋아하는데, 혜원은 미지근하고 반면에 은숙은
     심하게 들이대니까.
상   그렇군요. 그럼, 혜원은 어떤 마음일까요?
내   자신도 재하를 좋아하긴 하지만, 친구가 좋아하는 걸 아
     니 이러지도 저러지도 못할 것 같아요. 자신의 성격은 은
     숙처럼 적극적이지 못하니까… 많이 힘들 것 같아요.
상   제가 보기에는 ○○씨가 캐릭터 해원에게 감정이입이 많이
     된 것처럼 느껴져요. 지금 얘기한 삼각관계와 예전에 얘기

한 그 삼각관계와 상관있는 것으로 생각되는데, 어때요?

영화 속 장면과 내담자의 미해결된 문제와 직접적으로 커넥팅*
해서 확인 질문을 했다.

내   아! 그러네요. 여기도 삼각관계네.

상   은숙에 대해 얘기할 때 ○○씨 표정이 상기되고 감정이 좀
        올라오는 것처럼 보였어요.

때로는 비언어가 언어보다 더욱 풍부하고 진실한 메시지를 담고
있다. 실시간 비언어 반영은 매우 효과적이다.

내   네. 얄밉잖아요. 이미 둘은 커플인데 그 사이를 비집고 들
        어오니까. 조용하고 소극적인 혜원에 비해 은숙은 눈치도
        없고 막무가내로 막 들이대잖아요.

내담자 자신은 캐릭터 혜원에게, 캐릭터 재하는 과거 남자 친구
에게, 캐릭터 은숙은 과거 남자 친구에게 호감을 수시로 표현했
던 동기와 동일시하고 있음을 알 수 있었다. 캐릭터 혜원처럼 마
음과 몸 돌보기를 바랐던 마음에서 권했던 영화에서 내담자 자

---

*   커넥팅(connecting): 영화와 영화 간에 어떤 연관이 있는지, 내담자의 삶과 삶의 사건
        이 어떤 연관이 있는지 연결시켜 내담자의 통찰력을 더욱 북돋우는 기술

신의 미해결된 문제와 맞닥뜨린 것이다. '선 표상 후 감정'이 드러났으므로 이제 분석해야 한다. 감정은 수시로 가짜가 되기에 감정이 아닌 내담자의 언어를 분석해야 한다.

상 혜원과 재하는 모호한 단계이지만, ○○씨와 남자 친구는 이미 안정적인 커플이니 그 동기가 들이대어도 두 사람 관계에 영향은 못 줬을 것 같은데요.

내 그렇긴 하지만, 그 동기는 나랑 다르게 적극적이고 명랑한 성격이었어요. 나보다 훨씬 괜찮은 아이이어서 왠지 남자 친구가 저보다 걔를 더 좋아할 것 같았어요.

깊이 탐색한 결과, 비난을 많이 받으며 성장한 내담자의 인지 도식*은 '난 사랑받을 존재가 되지 못해. 누구도 날 사랑하지 않을 거야. 내가 어떤 사람인지 알면 모두 실망하고 떠날 거야. 버림받고 상처받기 전에 먼저 관계를 단절하자'로 형성되어 있었다.

사랑받는 것이 좋으면서도 '이렇게 괜찮은 애가 왜 날 좋아하지?' 계속 의심되고 살얼음판을 걷듯 불안했다. 그런 상황에서 여러 측면에서 뛰어나 보이는 동기가 애인에게 호감을 표시하니 적수가 되지 않는다고 생각하고 버림받기 전에 도망친 것이다. 예상과 달리 애인이 동기에게 마음이 없었단 것을 뒤늦게 알고

---

* 인지 도식(cognitive schema): 유기체에 영향을 주는 자극을 선택적으로 받아들이고 의미를 해석하며 주관적 경험을 나름대로 조직화하는 인지적 틀 혹은 상위 수준의 인지

자책하였고 스스로를 벌하면서 우울증이 깊어졌던 것이다.

잘 비운다는 것, 잘 기억한다는 것

만약에 방 안에 산더미만 한 짐이 있다면 그 양에 압도당해 어디서부터 정리해야 할지 막막할 것이다. 넋 놓고 바라본다고 해결되지 않으니 그 짐을 정리해야 한다. 밀봉된 박스의 테이프를 뜯어 하나씩 내용물을 확인해야 한다. 이게 무슨 감정이며 어떤 용도로 내게 왔는지 기억해내야 한다. 만져보고 향기도 맡아보며 계속 보관할지 바로 버릴지 잠시 보관할지 분류해야 한다. 그렇게 하나씩 꺼내어서 정리하다 보면 어느덧 마음에 빈 공간이 생긴다.

내담자는 과거 사랑했던 연인에게 고통을 준 자신을 혐오했다. 그 당시 하지 말았어야 할 말과 미처 하지 못했던 행동으로 늘 후회했고, 그 후회가 산더미가 되어 자신을 덮쳤다. 그 고통 더미에 깔린 사람에게 긍정적인 관점으로 보라고 말하는 것은 무의미하다. 먼저 내담자를 덮치고 있는 더미에서 구출해내야 한다.

마음에 빈 공간이 없으면 에너지가 밖으로 흘러가지 못하고 고여 있어 계속 고통을 이야기할 수밖에 없다. 그 당시 하고 싶었으나 차마 하지 못했던 말과 행동, 하지 말았으면 좋았을 후회의 말과 행동 등 가득 쌓여 있는 마음의 먼지들을 잘 털어내도록 도와서 빈 공간을 만들어야 한다.

상담자와 내담자 사이의 단단한 관계의 힘으로 애도를 충분히 하고 나면 마음에 여백이 생긴다. 그리하여 그토록 아팠던 상실이 마술처럼 아름다운 추억으로 변한다. 그리고 어쩌면 그 빈 공간에 다른 누군가를 초대할 수도 있다.

다음은 영화치료 상담 과정 중 내담자에게 질문한 예시다.

- 그 당시에 무슨 말을 하고 싶었나요?
- 그 당시에 어떤 행동을 하고 싶었나요?
- 편집할 수 있다면 잘라 내고 싶은 말과 행동은 무엇인가요?
- 그 장면에 어떤 독백과 자막을 입히고 싶나요?

무엇이 문제였는지 알게 되면 그다음 스텝으로 갈 수 있다. 문제를 알게 되었으니 해결 방법도 찾을 수 있다. 우리는 함께 타임머신을 타고 과거로 가서 못다 한 말을 하고, 했으면 안 될 말과 행동에 대해 기꺼이 슬퍼했다. 충분히 애도한 후 그 마음을 잘 보내기로 했다. 잘 보낸다는 것, 잘 비운다는 것은 잘 기억한다는 의미다. 그래서 그 기억을 마음에 품고 앞으로 잘 걸어가겠다고 자신에게 하는 약속이다.

여전히 내담자는 길을 걷다가 함께 들은 음악, 함께 간 여행지, 그가 유독 좋아했던 음식, 화창한 날씨의 향기 속에서 그를 떠올릴 것이다. 그렇지만 자책과 자괴감, 죄책감의 잿빛 아픔이 아닌 마음이 흐르다가 이슬처럼 맺혀 기억나는 한 사람으로서 아름답게 기억할 것이다.

영화치료의 매력에 빠지다

'연상적 접근(The Evocative Way)'은 영화를 하나의 꿈이나 투사를 위한 도구로 가정하고, 마치 꿈을 꾼 후 그 기억을 활용하여 상담을 받듯이 영화관람 후 자유 연상되는 어린 시절의 기억과 중요한 타인에게 갖는 감정을 상담에 활용하는 방법이다.

정신분석에서 자유 연상*을 하는 것처럼 의식적으로 영화의 스토리와 캐릭터를 보면서 내 몸과 마음 상태의 변화에 집중한다. 왜 하필 이 영화에 마음이 움직이는지, 왜 보고 나서 생각이 복잡해지는지, 왜 그 장면이 계속 잊히지 않는 건지, 그 장면을 떠올리면 감정의 색깔은 어떠한지 돋보기로 자세히 살펴보면 몰랐던 나를 이해하는 좋은 도구가 될 수 있다.

누군가 스무 해 넘는 동안 영화치료를 하면서 가장 큰 매력이 무엇이냐고 묻는다면 단연코 자유 연상 효과라고 말하고 싶다.

---

*　자유 연상(free association): 내담자에게 마음속에 떠오르는 생각, 감정, 기억을 아무런 수정도 가하지 않고 이야기하도록 하는 정신분석의 한 기법

영화 속 특정 장면과 특정 캐릭터에 대한 감정을 분석하면서 마음속 비밀이 수면 위로 올라와서 맞닥뜨리고, 그 통찰로 인해 미처 몰랐던 자신의 욕구와 감정들을 만나고 명료화할 수 있게 된다. 이 순간 영화는 내가 어떤 사람이며 왜 이런 사람이 되었는지 현재 자신의 심리적 위치는 어디인지 친절하게 알려주는 멋진 거울 역할을 한다. 그리고 영화를 통해 건져낸 소중한 통찰은 삶을 영위하는데 소중한 토양이 된다.

라라랜드, 데이미언 셔젤 감독, 2016

사람들은 다른 사람들의 열정에
끌리게 되어 있어.
자신이 잊은 걸 상기시켜 주니까.

― 영화 『라라랜드』 중 미아의 대사

리틀 포레스트, 임순례 감독, 2018

열심히 살아온 것 같은데 같은 장소에서
빙글빙글 원을 그리며 돌아온 것 같아 좌절했어.
하지만 경험을 쌓았으니 실패를 하든 성공을 했든
같은 장소를 헤맨 건 아닐 거야.

– 영화 『리틀 포레스트』 혜원의 대사

표현, 놀랍고도 신기한

트라우마는 힘들고 아픈 고백인 만큼
자신이 믿을 수 있는 사람을 선택해서
자신의 상처를 밖으로 꺼내야 한다

영화라는 예술 매체를 심리치료의 목적으로 활용하는 것을 영화치료라고 한다. 영화치료에는 가공된 콘텐츠(영화)를 보고 내면을 이해하고 통찰을 돕는 '영화감상치료'도 있지만, 직접 영화를 만드는 영화만들기(표현)치료'도 있다. 특히 영화만들기치료는 남녀노소, 집단의 특성과 상관없이 놀라울 만큼 효과적이다. 영화를 찍자고 하면 처음에는 다들 막막해하고 부담스러워하지만 막상 시작하면 몰입도와 창작에 대한 열정이 뜨겁다. 영화만들기치료는 틀에 구애받지 않고 다양한 방식으로 유연하게 이루어지는데, 그중 몇 사례를 소개한다.

상처를 밖으로 꺼내는 작업

대학생 집단에서 한 편의 영화를 선정해 자신들의 이야기로 각색하는 작업을 하였다. 선정된 영화는 『레인 오버 미*』였다. 다음은 집단에서 선택한 영화 장면이다.

영화 속 캐릭터 찰리는 9·11 테러 유가족으로서 아내와 세 딸을 잃었다. 치과의사였으나 PTSD(외상 후 스트레스 장애)로 일을 그만두고 칩거 생활을 하면서 게임과 주방 리모델링만 반복했다. 친구 앨런 덕분에 상담을 받게 되었지만 헤드셋으로 음악을 들으며 온몸으로 상담을 거부하는 찰리에게 상담자는 자신이 아니더라도 꼭 누군가에게 트라우마에 관한 이야기를 해야만 한다며 진심을 전한다. 그 말을 듣고 찰리는 자신을 믿어주며 함께하는 유일한 친구 앨런에게 오래된 상처를 개방한다.

찰리   애들은 엄마와 함께 보스턴에 사는 앨런 이모와 사촌들을 보러 갔지. 스파이더도 데리고. 그러고 나서 아내 사촌 동생의 결혼식에 다 함께 가기로 했어. LA에서 만나기로 했지. 난 LA로 가려고 집을 나섰어. 공항으로 들어가서 그걸 봤지. TV로 그 장면을 봤어. 보는 순간 모든 게 느껴졌어. 지나의 몸에 있는 점이 문득 떠올랐고, 그리고 불 속에서

---

* 레인 오버 미(Reign Over Me, 2007): 마이크 바인더 감독. 트라우마 후유증과 치료에 대해 고찰할 수 있는 영화

타는 게 느껴졌어.

영화 속 찰리는 4년이 지났지만 외상을 직면할 수 없어서 모든 인간관계를 끊고 트리거*가 될 만한 모든 요소를 치웠다. 그런 그가 이해되지 않는 자신을 오랜 기간 참아주고 함께해 준 친구 앨런에게 용기 내어 상처를 보인 것이다.

마음속에 꽁꽁 묶어두어서는 트라우마를 해결할 수 없다. 고통스럽더라도 힘들고 아픈 고백인 만큼 자신이 믿을 수 있는 사람을 잘 선택해서 자신의 상처를 밖으로 꺼내야 한다. 그 사건이 실제로 일어났음이 아프고 또 아프지만, 인정해야만 한다. 그렇게 해야 외상이 나를 장악하는 것에서 벗어날 수 있다.

대학생 집단이 선택한 주제도 트라우마였다. 영화 만들기에 참가한 집단원 중 한 명의 트라우마에 대한 이야기를 각색해 만들었다. 그는 설레는 마음으로 데이트를 가던 중 지하철 안에서 카톡으로 일방적인 이별을 통보받았다. 너무 충격을 받아서 누구에게도 말 못 하고 대인기피증이 생겼는데, 그 내용을 세상 밖으로 꺼내는 작업을 한 것이다.

집단원들에게 자신의 외상을 고백하고, 함께 시나리오를 써서 연출하고 배역을 맡으면서 꽁꽁 숨겨두었던 자신의 일부를 드러내었다. 영화 속 캐릭터 찰리처럼 처음에는 계속 자기 노출을 거

---

* 트리거(trigger): 과거의 트라우마 경험을 떠올려 재경험하도록 만드는 자극. '방아쇠를 당기다'는 뜻으로 심리학에서는 '생각과 행동을 바꾸는 심리적 자극'이라는 의미로 사용

부했지만 상담자의 진심 어린 권유를 받고 고민 끝에 자기 친구에게 울면서 고백하는 내용으로 연출되었다.

트라우마를 극복하는 방법으로 카메라를 활용한 그 집단원의 용기에 모두 감동했고 바깥세상으로 나온 것에 대해 감사하고 그의 미래를 축복하고 격려했다.

내면의 다른 자아가 표출되다

남자 고등학교 영화치료 집단상담이었다. 정서장애 집단이었기에 영화감상치료는 문제없었다. 과연 영화만들기치료를 잘할 수 있을지 염려가 되었다. 어떠한 제한 없이 주제를 선정하라고 했는데 예상외로 방송인 전현무의 역동적인 발재간이 특색적인 '오르나민 C 광고'를 패러디한 작품을 찍었다.

교내에서 자살 사고와 우울 점수가 가장 높은 학생들이었는데 가발과 가면으로 얼굴을 가리자 '내면의 다른 자아들'이 놀랍게 표출되었다. 경쟁하듯이 격렬하게 군무를 추는 집단원이나 작품의 완성도를 살리기 위해 뒤에서 비누 거품을 열심히 분 미술감독의 모습도 인상적이었다. 영화만들기치료에서 가상 세계는 청소년에게 익숙하고 심리적 부담은 낮추면서 자아 정체감*을 형성하는 데 도움을 준다. 부담스러워 피하고 싶은 주제라도 청소

---

*   자아 정체감(ego identity): 자신의 과거, 현재, 미래에 대한 총체적, 함축적, 일관적인 믿음과 느낌. '나는 누구인가'에 대한 총체적인 느낌 및 인지를 뜻함

년이 좋아하는 영화를 통해서 접근하면 부담감이 줄어들어 구체적으로 표현할 수 있다.

집단원이 만든 영화 제목은 '유전무죄, 무전유죄'로 학교폭력을 다루었다. 관점을 피해자가 아닌 가해자 시선으로 풀어갔다. 주인공이 학교폭력 가해자로 지목되자 친구들이 사건이 몇몇 아이들에 의해 조작되었다는 사실을 알고 주인공의 무죄를 밝히기 위해 발 벗고 나서서 친구들의 서명서를 받아 법원의 증거 자료로 제출하여 무고함을 풀어주는 내용이었다. 가해자가 무조건 잘못했고 피해자는 무조건 보호받아야 한다는 기성 어른들의 고정된 관념이 잘못될 수 있고 가해자도 피해자일 수 있음을 전하고자 노력했다.

집단원 중 영재로 불리는 한 학생은 평소 물과 기름처럼 잘 섞이지 못하는 냉소적인 모습을 보였다. 그런데 영화를 만드는 공동작업에서는 자신의 배역을 리얼하게 표현하기 위해 머리를 헝클어트리고 단추를 풀어가며 몸을 사리지 않는 연기를 했다. 완벽하게 자신의 역할을 소화하기 위해 수시로 모니터링하면서 자발적으로 재촬영을 요구하기도 했다. 촬영한 영화 속 자신을 보며 이 시간만큼은 배우 정우성도 부럽지 않다며 웃던 모습은 그 누구보다 밝고 해사하였다.

'영화만들기치료'를 통해 얻은 것

영화는 예술이면서 교육과 창의력 계발의 도구이며 동시에 치료 도구다. 영화만들기치료는 3단계를 거친다. 먼저 '사전작업(pre-production)' 1단계에서는 집단원들이 다양한 아이디어를 내어서 주제를 정하고 시나리오와 시놉시스를 만들고 배역과 담당 역할을 정한다. 이 과정에서 엄청난 양의 아이디어가 나오고 적극적인 소통을 한다.

다음 '본 작업(production)' 2단계에서 촬영, 즉 영화를 찍는다. 배우는 물론이고 소품과 배경을 맡은 미술감독, 촬영감독, 연출 등 모두 중요하지 않은 역할이 없기에 자신의 존재감을 확인할 수 있다. 모두가 주인공인 셈이어서 자연스럽게 각자 맡은 역할에서 최선을 다한다. 중간중간 모니터링하면서 의견을 조율하고 마음에 안 드는 부분은 재촬영을 한다.

촬영이 끝나면 마지막 3단계 '사후 작업(post-production)'을 한다. 내용 편집이나 장면 순서를 바꾸기도 하고 자막도 입히고 배경음악도 삽입한다. 산고 끝에 작품이 탄생하면 집단원들의 성취감은 극에 달한다. 감독 역할을 한 집단원이 나와서 감상 포인트와 작품 배경에 대해 간략한 설명을 한다. 드디어 불을 끄고 영화를 감상한다.

엔딩크레딧에 각자의 역할과 이름이 올라가면 모두 그 전과는 다른 사람이 되어 있다. 어떤 작품은 일 분이 채 되지 않고 수십 초에 달하지만, 모두 하나가 되어 하모니를 이루는 모습은 정말 감동적이고 아름답다. 감상을 마치고 일련의 과정과 작품에 대한 소감을 자유롭게 나눈다. 심리치료를 통해 도움 주고자 한 것들이 이 과정에서 충분히 이루어진다.

수없이 영화만들기치료를 진행했지만 여전히 풀리지 않는 의문이 있다. 신기하게도 초등학생 대상으로 한 영화만들기 주제는 80퍼센트 이상이 좀비 영화다. 여학생이 다수인 집단에서는 다양한 주제가 선정되지만 남학생이 다수면 소수의 여학생마저 남학생들에게 설득되어 좀비 영화를 만든다. 좀비 전문 배우만 할 수 있을 법한 관절 꺾기도 자유자재로 하면서 역할에 충실히 임한다. 좀비들에 의해 마을이 습격받아 우여곡절 끝에 모든 사람이 좀비로 변하기도 하고 사랑하는 가족이 좀비로 변해 갈등을 겪고 힘들어하기도 하는 내용이 다수다. 그러면서 좀비에게 당하지 않기 위한 수십 가지 방법들이 총동원되기도 한다.

평소에는 옷에 먼지가 살짝 묻어도 질색하던 아이들이 집단실 바닥에 누워 옷이 더럽혀지는 것도 개의치 않는다. 디테일한 표현을 위해 그저 작업에 초집중할 뿐이다. 초기 사춘기라 처음 보는 이성 친구들을 내외하던 아이도 촬영을 위해서라면 손잡는 것도 개의치 않는다. 영화만들기가 대체 뭐길래 이렇게 아이들을 변화시키는 건지 참 놀랍고 신기하기만 하다.

왜 초등학생들 대다수가 좀비 영화를 주제로 정하는 걸까? 무의식적으로 자신들의 삶이 '좀비' 같다고 느끼는 건 아닐까? 아직 어리니 더 많이 뛰어놀고 마음껏 자유를 누리고 싶은데 고학년만 되어도 성적과 등수에 대한 압박을 받고 장차 닥칠 대입에 대한 걱정 등으로 충분히 살아 있다고 느끼지 못하는 것은 아닐까? 자신들이 원하는 '산(産) 자'와 '사(死) 자'의 중간자인 '좀비'로 느끼는 것은 아닌지 씁쓸한 가설을 세워본다.

청소년들도 별반 다르지 않다. 많은 아이가 비슷한 무기력을 느끼고 있다. 그런 점에서 창의력과 협동심, 응집력, 자발성, 성취감 등 느낄 수 있는 영화만들기치료가 아이들에게 무한한 자유로움을 선사할 수 있어서 다행이다.

두 남자가 열어가는 희망의 세계

레인 오버미

레인 오버 미, 마이크 바인더 감독, 2007

생각나는 게 싫은가요?
아니면 생각하는 게 싫은가요?

— 영화 『레인 오버 미』 중 안젤라의 대사

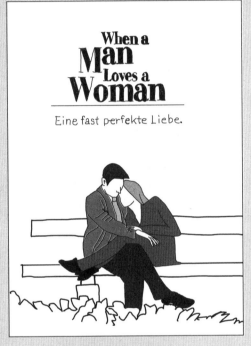

남자가 사랑할 때, 루이스 만도키 감독, 1994

세상에서 가장 아름다운 모습은
한 남자가 한 여자를 업고 있는 모습이지.
두 남녀는 같은 길을 가길 원한다는 뜻이야.

— 영화 『남자가 사랑할 때』 중 마이클의 대사

언어의 정원, 신카이 마코토 감독, 2013

언젠가 좀 더 먼 곳까지
걸을 수 있게 되면 만나러 가야지.

— 영화 『언어의 정원』 중 다카오의 대사

'좋은'이라는 단어의 정의

영화는 날카로운 검이다. 잘 사용하면
최고의 요리를 맛볼 수도 있고,
잘못 사용하면 베일 수 있다

지난 2004년 긍정심리학과 현실 요법을 기반으로 개발한 영화치료 구조화 프로그램 '테마1. 행복을 선택하기 위해 떠나는 여행'이 한국청소년상담복지개발원에서 우수 프로그램으로 선정되면서 본격적으로 영화치료 강사 워크숍을 진행했다. 영화치료의 매력에 푹 빠져 헤어 나올 수 없었던 2006년에는 두 번째 영화치료 프로그램 '테마2. 인간 이해와 이상심리' 개발을 위해 영화와 심리학에 관심 있는 주부들을 대상으로 파일럿 집단상담을 진행했다. 매주 쉽게 접할 수 있는 정신장애에 대해 한 가지씩 공부하고 관련 영화를 보고 집단토의하는 방식이었다.

그날의 주제는 '중독(남용과 의존)'이었고, 내가 선택한 영화는 OST와 색감이 아름다웠던 『라스베가스를 떠나며*』였다. 이 영화를 선택한 이유는 알코올 중독자의 증상과 심각성을 미화하지 않고 날것 그대로를 생생하게 잘 보여줄 수 있을 것으로 기대해서다. 청불영화라 자극적인 장면은 미리 덜어내었다. 50분 편집 영상을 보고 나서 한 참가자가 생각지도 못한 말을 했다.

"왜 우리가 이런 영화를 봐야 하나요? 뭔가 당하는 느낌이었어요."

표정이 딱딱하게 굳어 있었다. 그분도 많이 망설였을 것이다. 그런데도 용기를 내어 영화치료 상담자로 한 단계 성장할 계기를 주었으니 얼마나 감사한가! 아, 이건 솔직히 한참 시간이 지난 후에 든 생각이고, 그 당시에는 서운하고 억울했다. 중독자의 모습을 현실적으로 잘 보여주어서 정신병리를 학습하는 데 도움 주고 싶었던 내 마음을 몰라주는 것 같아서였다.

그러나 중요한 사실은 한 참가자가 불편했고 거부감이 들었다는 것이다. 말은 안 했지만 비슷하게 느낀 참가자가 또 있었을 것이다. '어떻게 해야 할까?' 머리가 복잡해졌다.

왜 간접 트라우마가 생겼을까?

지난 2013년에 많은 이들이 열광한 영화가 있었다. 영화치료 전문가로서 이슈가 되는 영화는 다 봐야 한다는(어느 누구도 강요한

---

*   라스베가스를 떠나며(Leaving Las Vegas, 1996): 마이크 피기스 감독. 알코올 중독 증상
    과 폐해를 사실적으로 그린 영화

적은 없지만) 의무감이 있었기에 영화관을 찾았다. 믿고 보는 배우들의 연기도 훌륭했고 이야기의 구성도 탄탄했다. 주인공의 내면 갈등으로 인한 긴장감으로 몰입도도 높았다. 제목만 들으면 다 알 만한 영화, '한국판 무간도'라고도 불리는 『신세계*』였다.

완성도 높은 잘 만들어진 영화라는 건 인정한다. 그런데 나는 이 영화를 생각하면 내용이나 다른 장면은 기억나지 않고 사람을 매장해서 바다에 버리는 장면만 떠오른다. 끔찍했고 누군가 흉내 내지 않을까 두려웠다. 간접 트라우마가 생겼다. 직접 겪지 않고 단지 목격만 해도 트라우마는 생길 수 있고, 모든 트라우마가 그렇듯 시간이 한참 흘러도 그와 관련된 작은 단서(신세계라는 단어)에도 장면이 회상되면서 온몸이 얼어붙고 소름이 돋는다.

이런 간접 트라우마를 겪은 영화가 또 있다(사실 점점 많아진다. 난 영화를 계속 보고 있고, 영화의 자극성은 더 증폭되고 있으므로). 배우 원빈 하면 떠오르는 영화, 『아저씨*』다. 면도기로 머리를 깎는 (뭘 해도 잘생기고 멋진), 카리스마 넘치고 어린 소녀를 끝까지 지키는 책임감과 정의를 위해 한몸 불사르는 멋진 남성상을 보여 준 영화다.

많은 메시지를 직·간접적으로 전해 주는 잘 만들어진 명작이라는 걸 인정한다. 그렇지만 안 보고 싶었다. 안 보려고 버텼다는 표현이 더 맞겠다. 이미 줄거리를 알고 영화를 보고 온 지인들

---

* 신세계(2013): 박훈정 감독. 배신과 의리 사이에서 갈등하는 남자의 심리를 그린 범죄 영화

* 아저씨(2010): 이정범 감독. 외로운 전직 특수요원과 불쌍한 소녀의 관계 역동을 그린 범죄 액션 영화

의 친절한 목격담으로 잔혹성을 짐작할 수 있었기에 호기심은 있었지만 도저히 볼 자신은 없었다. 그러다 우연히 TV에서 하는 걸 보게 되었고 아이들을 이용해서 인간이 장기 매매의 수단이 되는 장면에서 또 간접 트라우마가 생겼다.

　잔인하고 자극적이라고 해서 모두 트라우마가 되는 건 아니다. 그런데 난 유독 이 두 편의 영화에 충격이 컸을까? 그건 바로 현실이 주는 공포였다. 비현실적이라고 느꼈을 때는 잠깐 놀랄 뿐이지 공포에 완전히 사로잡히지는 않는다. 외면하고 싶고 인정하고 싶지 않은, 내가 살고 있는 세상 한쪽에서 실제로 일어나고 있음을 직면했기에 너무 끔찍했고 감당하기 힘들었던 것 같다.

상담자의 가장 중요한 책무

오래전 영화 『라스베가스를 떠나며』를 보며 불편해했던 참가자가 느낀 감정도 이런 거였을까? 할 수만 있다면 뇌를 씻어내고 싶고, 왜 나를 이렇게 충격에 휩싸이게 하는지 원망하는 마음이었을까? 그래도 내가 좀 낫다. 스스로 보기를 선택했고 나름 마음의 준비도 하고 봤으니까. 그런데 참가자는 무방비 상태에서(상담자가 심리적 안전을 지켜줄 것이라고 믿고) 본 것이다. 지나친 날 것의 불쾌함을 맞닥뜨려야 했을 것이다.

만약 누가 저게 현실이고 실제로 일어나는 일인데 언제까지 눈 가리고 세상의 밝은 면만 보려고 하느냐, 일침을 가할지도 모르겠다. 나도 안다. 머리로는 인지한다. 그래도 아직 그 어두움을 직면하고 수용할 수준은 안 되는 거다. 사람마다 민감성 정도와 충격 영상을 흡수하는 면역력이 다 다르다. 참가자 또한 그랬을 것이다. 없는 것을 보여준 것도 아니다. 실제로 알코올 중독자는 이런 증상이 있고 치료를 잘하지 못한 경우 이런 결말을 겪게 되니 주의해야 한다고 강요할 수는 없다. 상담자라고 해도 학습이라는 목적으로 강요할 권리는 없다. 배려 없는 사랑이 종종 폭력이 될 수 있는 것처럼 말이다.

상담자의 가장 중요한 상담 윤리는 내담자를 보호하는 것이다. 신체적인 안전과 심리적인 안전을 보장해야 한다. 그런 의미에서 가장 우선해야 할 것은 영화치료 상담자는 내담자의 수준에 맞는 좋은 영화를 선택해야 한다. 여기서 '좋은'의 의미는 내담자의 배경, 지적 수준(이해력), 선호도(취향), 민감성 등을 고려해서 적절한 영화를 선택해야 한다는 의미다. 그래서 영화치료에서 영화 선택은 과학을 넘어선 예술이며 오랜 기간 사례 경험과 슈퍼비전을 받아야 한다. 참가자 수준에 적합한 영화를 선택해서 충분히 동일시가 일어나야 그다음 치료적 과정을 밟을 수 있다.

그날 나는 강의와 영화를 통해 중독의 의미와 증상, 치료 방법을 전하고 싶었고 최종적으로 자신을 돌아볼 수 있도록 돕고 싶었다. 현재 나의 상태는 어떠한지? 나도 모르게 어디에 의존하고 있지는 않은지, 그렇다면 어떻게 치료해야 할지 서로 의논하고 가이드를 제시해 주고 싶었다. 그런데 이 모든 과정은 내담자 수준에 적합한 영화를 선택했을 때 가능한 일이다.

영화는 날카로운 양날의 검

다시 돌아가 보자. 그럼 어떻게 적합한 영화를 선택할 것인가? 참가자의 눈높이에 맞는 영화를 선택할 때 영화치료의 효과를 기대할 수 있다. 심리적 보호를 해 줄 수 있는 안전한 영화를 선택해야 한다. 그래서 영화치료에서는 아무리 좋은 영화라 해도 청불영화는 지양한다. 그때 참가자의 피드백 덕분에 영화를 바꾸었다. 다시 영화 목록을 작성하고 최종 선택한 영화는 알코올 중독의 이해와 가족관계 역동, 두 마리 토끼를 잡을 수 있는 영화『남자가 사랑할 때*』였다.

중독자뿐 아니라 중독자 가족의 갈등과 역동을 잘 보여주는 영화였기에, 영화가 바뀐 후 참가자들은 거부감 없이 편안하게 몰입하며 보다 활발한 집단토의를 할 수 있었다. 영화의 치유적 속성 중 하나인 재미를 느끼면서 말이다. 기대 이상으로 부부 갈

---

* 남자가 사랑할 때(When a Man Loves a Woman, 1994): 루이스 만도키 감독. 알코올 중독자의 심리와 중독자 가족의 심리 및 가족관계 역동을 잘 보여주는 영화

등과 역동에 대한 심도 있는 통찰과 세 가지 다른 관점(자녀, 배우자, 주인공)으로 보면서 사고와 관점의 통합도 촉진할 수 있었다.

영화는 날카로운 양날의 검이다. 잘 사용하면 최고의 요리를 맛볼 수도 있고 잘못 사용하면 베여서 상처를 입을 수도 있다. 따라서 참가자의 심리적인 보호를 위해 수용 수준(눈높이)에 맞는 영화 선택이 중요하다. 그랬을 때 상담자가 의도한 치유적 효과를 가져올 수 있다.

하루하루가 신기한

의식적 자각 상태에서 보면
안 보이던 것들이 보여서
신세계를 경험하는 것과 같다

언제부턴가 매년 7월이 되면 애니메이션 『언어의 정원*』을 보는 나를 발견했다. 왜 계속 이 영화를 보는 걸까? 그 해답을 영화치료의 정화적 접근에서 찾아보기로 했다.

주연 감정과 조연 감정

'정화적 접근(The Cathartic Way)'이란 영화 관람을 통해 웃음과 울음, 분노, 두려움 등 다양한 감정을 경험하고 억압된 감정을 방출함으로써 감정적인 정화와 정서적 고양 상태를 경험하도록 하는 방법이다.

정화적 접근 1단계 : 감정(비언어) 관찰

정화적 접근을 통해 자신의 욕구와 감정을 새롭게 깨달을 수 있다. 자신에 대한 이해를 확장해 나가는 자기조력적 영화치료가 가능하다. 먼저 영화를 보면서 현재 자신이 느끼는 감정과 신체 상태를 민감하게 관찰한다.

Q1 　이 영화를 보는 지금 내 마음은 편안한가? 불안한가?

A1 　음… 편하다. 영화를 보는 자체가 긴장을 가져오지만 편안한 긴장감이다.

Q2 　이 영화를 보는 지금 내 감정은 유쾌한가? 불쾌한가?

A2 　글쎄… 불쾌하진 않다. 굳이 나누자면 기분이 좋은 쪽이다.

Q3 　이 영화에서 나는 감동이나 카타르시스를 느끼고 있는가?

A3 　그렇다. 아마 이 영화가 끌리는 것은 정서적 환기*가 되고, 무언가 정서적 재경험이 되었을 것이다.

구체적으로 정서적 환기가 되는 부분이 어떤 장면인지 찾아보았다. '그래. 바로 이 장면이다!' 여기에 계속 보고 싶은 이유가 있었다.

영화 후반부에 고등학생 다카오는 (전직) 교사 유키노에게 당신을 좋아하노라 고백한다. 유키노도 다카오에게 끌리지만 '난

---

*　언어의 정원(The Garden of Words, 2013): 신카이 마코토 감독. 트라우마로 상처받은 두 사람의 관계 역동을 그려낸 애니메이션

선생, 넌 학생!'으로 선을 긋는다. 뒤늦게 자신의 감정을 확인한 유키노는 다카오에게 달려간다. 다카오는 차갑고 싸늘해진 표정으로 왜 당신은 내가 같은 학교 학생인 줄 알고도 말하지 않아서 내 마음이 커지는 것을 막지 않았느냐, 나 혼자 아무것도 모른 채 이런 아픔을 겪어야 하냐고 토로한다. 다카오는 성숙하고 책임감 강하며 성실한 소년이다. 항상 예의 바르고 묵묵히 참는 내향적인 성격이다. 그런 소년이 오랜 시간 앓았던 아픔을 껍질 다 벗긴 민낯으로 내지른 것이다.

캐릭터 다카오의 아픔에 동일시가 되면서 감정이 증폭되었다. 억압된 감정이 방출되면서 잠시나마 마음이 후련해졌다. 또 마음이 고양되면서 고갈되었던 에너지가 생겨났다. 영화는 스토리, 캐릭터, 음악 등 다양한 장치들로 인지적 사고보다는 풍부한 정서를 통해 메시지를 전달하기에 감정을 억압하려는 본능을 중화하고 정서적 방출을 촉진시킨다.

영화 속 캐릭터가 수많은 문제로 고민하고 관계로 아파하는 것을 보면서 나 혼자만 덩그렇게 고통받는 존재가 아님을 알게 된다. 그 앎을 통해 내 안에 고통이 있으며 밀물처럼 왔다가 썰물처럼 나간다는 것을 수용하고 마음의 위로와 평화를 느끼게 된다. 정화적 접근의 치유 요인인 심리적 위로를 받게 된다.

---

* 　정서적 환기(emotional ventilation): 억압된 내면의 감정이 방출되어 일시적으로 후련해지고, 정신이 고양되어 에너지가 재생되는 느낌

정화적 접근 2단계: 정서적 통찰

영화로 인해 방출된 정서로 마음 상태를 깨달았다면 다음은 의식 아래 숨겨진 억압한 정서와 이유를 살펴볼 단계다. 감정 관찰을 통해 억압을 내려놓고 영화 속 캐릭터와 자신을 연결시켜 대인관계 패턴을 파악해 본다.

Q4 　나는 이 영화에서 대인관계에 대한 어떤 모습을 반추하게 되는가?

A4 　외향적인 나는 긍정적인 표현은 스스럼없이 잘하지만 상대에게 서운하거나 속상한 표현은 잘 못한다. 그래서 나보다 훨씬 내향적이고 끝까지 속을 열지 않을 것 같은 다카오가 자신의 밑마음을 찌꺼기 한 톨 남김없이 다 토해내는 절규에서 가슴이 뻥 뚫리는 카타르시스를 느꼈다.

Q5 　그렇다면 왜 나는 부정적인 감정을 표현하기를 힘들어하는가?

A5 　굳건한 의지 하나로 자수성가한 아버지는 1남 3녀 중 장녀인 내가 실수하는 것을 용납하지 않았다. 나란 사람은 본디 치밀한 것과 거리가 멀고 허점이 많은 사람이라 거의 매일 꾸중을 들어야 했다. 그러한 청소년기를 관통하면서 '갈등 공포증'이 생겼다. 갈등이 무서웠고 그런 기미가 보

일라치면 도망쳤다. 갈등 제공자는 더더욱 되고 싶지 않았고 부정적인 표현은 꾹꾹 참았다. 그럴수록 상대가 미워졌고 나의 기본 정서는 슬픔으로 채색되었다.

정화적 접근 3단계: 정서의 표현과 대안 탐색

정서가 환기된 후에는 한결 성숙한 판단을 내릴 마음의 여유가 생긴다. 내 행동에 이성적인 요소가 들어올 수 있게 해 준다. 정화적 접근의 치유 요인인 감정의 승화 효과이기도 하다.

우연히 대학 시절 집단상담에 참여하게 되었고 상담자의 길을 꾸준히 가면서 나의 밑마음을 많이 들여다볼 수 있었다. 대학원 시절 집단상담과 사이코드라마를 통해 아버지에 대한 혼란스러운 감정을 많이 다루었다. 지금도 매일 내담자 모습 속에서 나의 단면을 발견하고 치유적 관점으로 보는 영화 속에서 감정을 알아차리고 있다. 뒤죽박죽 섞인 감정 속에서 비슷한 감정들을 분류하고 무엇이 주연 감정이고 조연 감정인지 살펴보는 중이다.

심리적 외상을 치유하다

청소년기부터 일상이 긴 장마처럼 눅눅하고 지겨워지면 영화관을 찾았다. 영화가 과연 나를 어떤 미지의 세계로 이끌어줄까 하는 두근거림과 설렘을 안고 어머니 자궁 같은 어두운 극장 안을 들어갔다. 두 시간가량의 영화는 고통받는 현실과 여러 가지 문제로 복잡해진 머리를 차갑게 식혀 주었다. 현실에 부딪힌 문제에서 일시적으로 벗어나도록 도와주는 카타르시스를 경험하게 해 주었다. 비극의 정화적 힘을 주장한 아리스토텔레스의 말처럼 영화로 만나는 비극은 왜곡된 감정을 닦아내고 심리적 외상을 치유해 주었다.

영화치료 연수에 처음 참여하신 분과 나눈 대화가 생각난다. 그는 예전에 분명히 다 본 영화를 평소 물 흐르듯이 볼 때는 주인공의 감정이 깊게 와 닿지 않았는데 의식적 자각 상태에서 보니 안 보이던 것들이 보여서 신세계를 경험하는 것 같다고 했다. 영화치료로 만나는 무수히 많은 내담자도 똑같이 말한다. 그 말을 들으면 나도 똑같이 답한다. 스무 해 동안 매일 겪는데도 매일 신기하다고.

상담을 잘한다는 것은
적절한 시기에
적절한 질문을 하는 것

3장

상담자로 살아간다는 것

인생도 영화처럼
편집한다면

나는, 당신을 봅니다

한 영혼을 사랑하는 시작은
상대를
온전히 바라보는 것이다

사람은 모두 크고 작은 상처를 안고 살아간다. 태어나서 한 번도 아파 본 적 없을 것 같은 사람도 마찬가지다. 상담자는 상처로 인해 나다움을 잃은 사람을 위로하고 격려하고 나다움을 찾도록 돕는 직업이다. 변화와 성장을 위해 상담실을 찾지만 정작 자신이 원하는 것과 힘들어하는 실체가 무엇인지 모르는 경우가 많다. 이때 상담자는 적절한 타이밍의 질문을 통해 실체를 찾을 수 있도록 도와준다.

블랭크를 발견하다, 질문하다

상담자가 말에서 빠진 중요한 부분을 포착해서 멋지게 질문하는 영화 장면이 있다. 『사랑과 추억*』에서 캐릭터 탐은 상담자 수잔에게 13살 때 겪었던 끔찍한 트라우마 사건을 고백한다. 3명의 강도에게 엄마와 여동생이 겁탈을 당했다고. 상담자 수잔은 내담자 탐의 말속에서 블랭크를 발견하고 확인 질문을 한다.

> 수잔 그동안 당신은 뭘 하고 있었어요? (모르겠소.) 구원을 청하러 갔었나요? (아니요.) 왜 안 그랬다고 생각하세요?
>
> 탐 모르겠어요. 그렇게 됐죠.

내담자가 기억을 못 해서 말하지 못한 건지, 차마 말할 수 없기에 못한 것인지는 알 수가 없다. 상담자는 3명의 강도가 들어왔고, 엄마와 여동생이 겁탈을 당했다는 내담자의 말에서 빠져 있는 내담자 자신과 나머지 1명의 강도에 대해 초점을 맞춘다.

> 수잔 세 남자가 들어왔다고 말했는데 마지막 남은 남자는 뭘 했죠? 그는 어디 있었죠? 괜찮아요. 그에 대해서 말해 봐요.

고통스러운 표정을 짓는 내담자에게 상담자는 끈질기게 질문한다. 사실 상담자 자신도 내담자에게 어떤 말이 나올지 겁나고 긴장될 것이다. 그래서 어쩌면 피하고 싶을 수도 있다. 그렇지만 내

---

* 사랑과 추억(The prince of Tides, 1991): 바브라 스트라이샌드 감독. 상담자의 역전이 및 트라우마 치료에 대해 배울 수 있는 영화

담자가 안전한 곳에서 안전한 대상에게 말로써 표현하는 것만이
유일한 치료임을 알기에 포기하지 않는 것이다.

탐   움직이면 목을 따 버리겠다고 했어요. 놈은 날 영계라고
           했어요. 내가 당한 일은 상상도 못 할 거예요. 죽고 싶었
           소. 사내아이도 그런 일을 당하다니… 정말 죽고 싶었소.

상담자의 격려와 지지에 힘입어 평생을 숨겨온 비밀을 힘겹게 꺼
낸 것임을 알기에 상담자는 내담자의 감정을 확인한다.

수잔   기분이 어때요?
탐   좋아요. 다 말해 버리면 비참해서 기절할 줄 알았는데 오
           히려 한결 편안해요. 해방된 기분이에요. 백 년 묵은 체증
           이 내려가는 기분이오.

평생을 숨겨온 무거운 비밀을 노출하면서 내담자는 별일 아니라
는 듯 포장한다. 고통을 차단하고 느끼지 않으려는 내담자에게
상담자는 감정 접촉을 시도한다.

수잔   고통을 감싸는 법을 배워야 해요. 평생 그렇게 해왔잖아

요. 13세 소년의 추억 속엔 여전히 생생한 고통을 당하고
있겠죠.

탐   이러지 말아요. 이러지 말라고요.

수잔   당신의 고통을 느낄 수 있어요.

죽을 것 같은 공포에 빠질까 두려워 평생 감정 접촉을 회피한
내담자에게 상담자는 더는 도망가지 말고 고통을 직면하고 받아
들이라고 격려한다. 내가 여기 당신과 함께 있으니.

수잔   당신도 느껴 봐요. 고통을 느낄 수 있는 용기가 필요해요.
당신도 할 수 있어요. 괜찮아요. 너무 오랫동안 숨겨왔어
요. 이제 드러내요. 많이 울고 싶었죠. 괜찮아요. 고통을
느껴 봐요. 실컷 울어요. 그것만이 상처를 치유하는 방법
이에요. 털어버려요. 훌훌.

내담자가 고통을 안전하게 맞닥뜨리고 억압된 감정을 터트릴 수
있도록 상담자가 꿋꿋하게 버텨 주는 것은 큰 용기가 필요하다.
내담자를 진심으로 돕고자 하는 마음과 애정이 있을 때 비로소
가능한 일이다. 그 당시 엄마와 여동생을 구하지 못했다는 죄책
감과 무기력에 힘겨워하는 내담자에게 상담자는 어린아이였던

내담자가 할 수 있는 일은 없었으며 그 엄청난 고통에서 살아남은 진정한 영웅임을 일깨워 준다.

반걸음 뒤에서 보폭을 맞추다

영화 『소원*』의 상담자 정숙의 말과 자세, 태도는 볼 때마다 감동적이다. 그녀는 앞서가지 않고 내담자의 딱 반걸음 뒤에 서서 반 박자 늦게 반응한다. 섣불리 확신하지 않으며 천천히 확인한다. 성폭력 전문기관 상담자 정숙은 소원을 만나기 위해 병원으로 온다. 아홉 살 어린 소원을 보는 그녀의 표정에는 연민이 가득하나 감정을 절제하고 중립적으로 대하려고 애쓴다.

> 소원 선생님, 이런 생각해 본 적 있어요? 자고 일어나면 꼭 옛날로 돌아가 있었으면 좋겠다는 생각. 어제는 자고 일어나면 꼭 옛날로 돌아가 있을 것만 같았거든요. 그래서 약도 안 뱉고 다 먹고 기도하고 잤는데 아침에 일어나니까 그대로였어요.
>
> 정숙 그럴 때 어떤 기분이 들어? 우리 소원이?

정신의학자 퀴블러로스*의 '분노의 5단계 모델'에서 소원은 3단

---

* 소원(2013): 이준익 감독. 트라우마의 영향과 트라우마 치료에 대해 배울 수 있는 영화

계인 흥정 단계에 있음을 알 수 있다. 어떠한 대가를 치르고라도 예전의 문제 없음 상태로 돌아가고 싶은 마음과 노력이 보인다. 상담자는 공감 대신 직접 내담자의 감정에 대해 확인한다.

> 소원   너무 속이 타서 옛날에 우리 할머니가 '아고, 죽겠네. 아고, 죽겠네' 그러셨는데 그 말이 무슨 말인지 알 것 같은 기분이 들어요.
>
> 정숙   '아고, 죽겠네. 아고, 죽겠네' 그게 무슨 뜻일까?
>
> 소원   … 왜 태어났을까.

죽을 만큼 힘들다는 말을 듣고 내담자의 감정이 충분히 짐작되나, 이 말이 중요하고 의미 있다고 판단되므로 구체적인 의미를 확인하고 있다. 그 결과 내담자는 성폭력 희생자이면서 자기 잘못이라고 귀인하고 있으며 부모에게 죄책감을 느끼고 있음을 알 수 있다. 급기야 자신의 존재 자체를 부정하는 심각한 상태임을 알 수 있다.

영화에서는 상담자가 내담자의 상태에 동요하지 않고 침착하게 대처하는 모습을 보여준다. 특히 섣불리 판단하지 않고 '나는 잘 모릅니다'의 태도로 내담자의 반걸음 뒤에서 보폭을 맞추며 상대를 존중하는 상담자 정숙의 자세는 아름답고도 감동적이다.

---

*   퀴블러로스(Elisabeth Kübler-Ross, 1926~2004): 정신의학자이자 임종 연구의 선구자. 죽음을 앞둔 사람들은 거부, 분노, 흥정, 침울, 수용의 다섯 단계를 거침

빠진 조각을 찾다, 완성하다

상담자는 내담자의 표정, 말, 행동부터 사소한 제스처까지 유심히 살펴야 한다. 겉으로 드러나지 않은 내용도 빠짐없이 들어야 한다. 내담자의 이야기를 듣다 보면 중간중간 블랭크가 있다. 중요한 내용이 빠진 괄호를 채워야 한다. 마치 명탐정이 작은 단서들을 조합해서 범인을 찾아내듯 상담자는 내담자를 이해하기 위해 가설을 세우며 비워진 조각을 찾아 전체 그림을 완성시킨다.

상담을 잘한다는 것은 적절한 시기에 적절한 질문을 하는 것도 해당한다. 초심 상담자들은 지금 이 상황에 이 질문이 적합할지, 내담자가 말하는 도중에 끊어도 되는지, 언제 개입하는 것이 효과적인 건지 어려워한다. 오랜 기간 상담 개입 훈련을 통해 적절한 질문을 하는 것이 가능해지고, 그 결과 당연히 상담 성과도 좋아진다.

인생의 주인공은 분명 자신인데 내담자들은 숱한 고난과 역경으로 조연이나 엑스트라처럼 살아온 경우가 많다. 그러나 매 순간 자신이 하는 말 한마디도 놓치지 않고 온몸으로 주의를 집중한 채 경청하고 적절한 타이밍에 중요한 질문을 건네는 상담자를 통해 자신이 중요한 사람이고 괜찮은 사람임을 깨닫게 된다. 결국 내 인생의 당당한 주인공 역할을 되찾을 수 있다.

한 영혼을 사랑하는 시작은 상대를 온전히 바라보는 것이다. 상담자와 내담자의 관계도 마찬가지다. 영화 『아바타*』의 캐릭터 네이리티와 제이크 설리의 대사가 귓가에 맴돈다.

"I see you."

나는 당신을 봅니다.

---

*　아바타(Avatar, 2009): 제임스 카메론 감독. 고갈 문제를 해결하기 위해 행성을 찾아 나선 인간과 나비족의 대립을 그린 영화

소원, 이준익 감독, 2013

차라리 세상 모든 아들한테
똑같은 일이 일어났음 좋겠다.
그라믄 우리 아만 눈에 띄지 않고
힘들어지지 않아도 될 텐데….

— 영화 『소원』 중 미희의 대사

나의 해방일지, 2022, JTBC

사람들은 천둥 번개가 치면 무서워하는데
전 이상하게 차분해져요.
드디어 세상이 끝나는구나. 바라는 바다.
갇힌 거 같은데 어딜 어떻게 뚫어야 될지 모르겠어서
그냥 다 같이 끝나길 바라는 것 같아요.

— 드라마 『나의 해방일지』 중 미정의 대사

상담자도 크게 다르지 않아

마음의 상처를 해결하지 않은 채
덮어놓고 있으면
작은 자극에도 언제든 분화한다

상담을 하다 보면 상담자도 강도 높은 민낯을 보여야 하는 경우가 있다. 상담자가 자기 노출을 하는 이유는 단순히 비슷한 경험을 공유하는 것이 아닌 오롯이 내담자를 치유적으로 돕기 위한 목적으로 사용된다.

옷을 입힐까? 같이 벗을까?

자발적으로 상담실을 찾아온 내담자가 있었다. 스타일이 멋진 미혼 여성이었다. 가장 먼저 상담에서 다루고 싶은 내용을 확인하였다.

상	상담을 통해 어떤 부분을 도움받고 싶나요?
내	가끔 사라지고 싶어요. 아침에 눈을 안 뜨면 좋겠어요. 친구들과 즐거운 시간을 보내고 돌아가는 차 안에서 이유 없이 눈물이 나요. 죽고 싶은 건 아닌데 살고 싶지도 않아요. 친구들이 칭찬해 줘도 다 빈말 같고 마음에 와닿지 않아요. 잘해 줘도 그냥 무덤덤해요.

계속되는 탐색 질문 속에서 마음의 실체가 고개를 내밀었다. 걱정 끼치는 게 싫어서 늘 혼자 해결하다가 그날은 도저히 감당하기 힘들어서 큰 용기를 내어 엄마에게 고민을 꺼내 놓았다. 자신의 힘듦을 이해하고 감싸줄 거라 기대했던 엄마의 반응은 차갑고 싸늘했다.

"별것 아니네. 뭐 그런 일로 고민해. 신경 쓰지 마. 정신이 그렇게 약해서 어떡하니!"

고통스러워서 심리치료를 받아야겠다고 하니 엄마는 "네가 환자냐. 그런 일로 상담을 받게!"라며 일축했다. 엄마의 존재가 너무나 특별했고 어릴 때부터 엄마의 사소한 반응에도 늘 안테나를 켜고 살았던 그녀에게 그 일은 심각한 외상이 되었다. 왜 사람들이 자신을 좋다고 해도 가슴에 와닿지 않았는지 이해되었다.

'부모도 날 이해하지 못하고, 있는 그대로의 내가 아닌 반쪽짜리(잘 생활하고 잘 기능하는) 모습만 받아들이는 데 누가 날 이해하고 받아들이겠어. 이 세상 누구도 날 이해 못 해. 다 거짓말이야.'

이렇게 믿어버린 그녀는 속마음을 달팽이처럼 숨겨버렸다. 대중 속에서 웃을 때는 잠시 괜찮다가 혼자 있는 시간이 되면 외로움과 공허함이 스멀스멀 올라왔던 것이다.

'여린 새처럼 우는 그녀를 어떻게 돕는 게 좋을까? 좀 더 강력한 위로가 필요한데…. 그래. 자기 노출*을 하자!'

상담자의 자기 노출은 두 사람 간 신뢰감이 충분히 형성되었다고 판단될 때, 꼭 필요할 때 아껴 써야 하는 비장의 무기다. 외투부터 속옷까지 다 벗은 내담자는 부끄러움과 수치스러움을 느낄 수 있다. 그런 내담자를 돕기 위한 방법은 크게 두 가지다. 조심스럽게 옷을 다시 입혀주거나(공감) 아니면 상담자가 함께 옷을 벗는 것(자기 노출)이다. 혼자 덩그렇게 벗은 것이 아닌 대중목욕탕이 되는 것이다. 목욕탕에서 옷 벗는 것은 이상한 일이 아니다. 그런 의미에서 상담자의 자기 노출은 매우 강력하다. 옷을 입혀 줄 것인가? 아니면 나도 옷을 벗을 것인가? 내담자의 노출 강도가 셀 때는 함께 옷을 벗는 것이 좀 더 효과적이다.

다음은 상담자가 자기 노출을 하기 전에 확인해야 할 몇 가지 사전 점검 사항이다.

---

* 자기 노출(self-disclosure): 상담에 있어서 적절한 시기에 상담자가 자신의 이야기를 함으로써 내담자의 상황을 이해하고 해결 방안을 탐색하는 데 도움을 주는 상담기법

① 나는 동등한 인간으로서 민낯을 보일 용기가 있는가?

② 지금은 자기 노출을 하기에 적합한 시기인가?

③ 자기 노출을 하려는 목적이 내담자를 위함인가?

④ 자기 노출을 통해 내가 전달하려는 핵심은 무엇인가?

⑤ 내가 말하려는 내용이 내담자 문제와 비슷한 수준인가?

※ 심각도 수준이 더 높으면 오히려 상담자에게 초점이 오고, 수준이 낮으면 이해 못 받는다고 여겨서 오히려 마음 문을 닫을 수 있다.

나도 그대와 같다

나의 오래된 아픔을 서랍 속에서 꺼냈다.

상   ○○씨 마음을 알 것 같아요. 제 아버지는 완벽주의였어
요. 맏이인 제게 기대가 컸어요. 제가 잘해야 동생들도 잘
한다고 믿었죠. 의지와 인내로 자수성가한 당신이 보기에
저는 끈기 없고 의지박약의 문제아였죠. 당신의 기준대로
절 고치려고 했어요. 저는 늘 야단맞고 잔소리 들으면서
자존감이 많이 낮아졌죠. 동생들에게 들키지 않으려고
집구석에 숨어서 울면서 날 낳아주신 부모도 이토록 날

이해 못 하는데 과연 누가 날 이해해 줄 수 있을까?…. 제가 상담심리학을 전공하게 된 건 이런 저를 구원하고 싶어서였던 것 같아요.

한참 울던 그녀는 고개를 들어서 내 눈을 바라보았다.

내　　선생님도 저 같은 경험을 하셨어요? 선생님은 자존감도 높고 당당해 보이는데요.

상　　저도 꽤 오래 걸렸어요. 학교나 교회에 가면 다들 잘한다, 잘한다, 하는데 집에만 가면 한없이 작아지니 난 어떤 사람일까 한참 방황했어요.

내　　아! 전 저만 이렇다고 생각했거든요. 저도 부모님이 워낙 칭찬과 인정을 안 해 주니까 주변에서 너 잘한다 해도 빈말 같고, 뭘 해도 저 자신이 마음에 안 들었어요. 나만 불행한 것 같고, 다른 사람들은 다 행복하고 잘 사는 것 같아서 서러웠는데….

그녀는 평소 만났던 내담자들과 좀 달랐다. 단순히 조용하고 차분한 여성이라고 하기에는 표정이 전혀 없고 목소리 억양이나 톤이 항상 일정했다. 여러 번 만났지만 친밀해지는 느낌을 못 받았

다. 팩트 중심의 답변은 막힘없이 잘했으나 감정을 묻는 질문에
는 항상 모르겠다고 했다. 정서를 잘 못 느끼는 건가 확인하니
알 수 없는 슬픔에 일주일에 사흘 이상 혼자서 운다고 했다. 물
론 울음의 이유는 몰랐다. 몇 주가 지났다.

　내　　이번 주에도 뭐 때문인지 자기가 열 받아서 화를 내는 바
　　　　람에 집안 분위기가 싸했어요.

그녀의 보고 방식이 특이했다. 아버지에 대한 호칭을 무시하는
말투로 '자기'라고 불렀다. 중요한 포인트니 확인할 필요가 있다.

　상　　아버지를 부를 때 '자기'라고 부르네요. 그렇게 부르는 의
　　　　미가 있을 것 같은데요.
　내　　솔직히 아빠에게 부모나 어른으로서 존경심이 들지 않아요.

예측 못 하는 상황에서 아버지가 화낼 때 어머니의 반응은 어떤
지 확인했다. 어머니는 이성적인 사람이라 별다른 동요 없이 할
일 하면서 아버지가 기분 풀릴 때까지 기다린다고 했다. 그제야
그녀의 냉정함이 이해되었다.
　내담자들은 제각기 다르다. 그런데 일란성쌍둥이처럼 비슷한 부

분이 있었다. 감정 표현이 서툴고 건강한 자기주장을 어려워한다는 것. 그것들이 누적되어 마음과 몸의 아픔으로 표현하는 것이다.

> 상 어릴 때부터 수시로 감정 폭발해서 가족을 힘들게 하는 아버지를 보면서 감정 표현은 위험하다고 느꼈을 것 같아요. 이성적이고 흔들림 없는 엄마처럼 감정을 죽이고 표현을 누르는 연습을 했을 것 같아요.

그렇다. 그녀는 무심결에 속마음을 표현하거나 행동을 조금이라도 적극적으로 하고 나면 계속 자책했고 무채색으로 바꾸는 연습을 했다. 분명 본연의 컬러가 있었을 텐데 개성 없는 무색 무맛 무취가 된 것이다.

자신의 색깔을 죽일수록 사람들은 떠나갔고 그녀는 더욱 외로워졌다. 왜 수시로 슬픔에 잠겨 울었는지 이해되었다. 왜 관계의 악순환을 돌 수밖에 없었는지 심리적 메커니즘을 설명했다. 단지 아버지처럼 감정을 폭발해서 다른 사람에게 피해를 주고 싶지 않았고 엄마처럼 멋진 이성적인 여성이 되고 싶었을 뿐인데 '원 플러스 원'으로 원하지 않는 마음의 우물을 안고 사는 사람이 된 것이다.

이런 환경에서 지금의 회색빛은 자연스럽다고, 나라도 그럴 수 있었을 것이라고 인정했다. 그러나 감정부전장애*는 그대가 원한 것이 아니니 함께 노력해서 변화해 보자고 지지했다.

상담 중에 내담자에게 느꼈던 감정에 대해 '지금-여기'에서 자기 노출을 하는 것은 매우 효과적이다. 내담자가 상담에서 보고하는 내용은 완전하지 않다. 자신의 관점에서 보고 해석하기에 때로는 왜곡되고 한쪽으로 편향되어 있고 기억도 수시로 편집된다. 그래서 상담 장면에서 보여주는 모습이 더 진짜 그 사람이다. 상담자에게 하는 패턴을 다른 사람에게도 똑같이 행동할 가능성이 크고 그래서 상담자가 느낀 감정을 그들도 비슷하게 느낄 가능성이 있다. 이 진짜를 최대한 활용해야 한다. 상담자 안에 무엇이 움직이는지 살핀 후 느껴지는 감정을 드러낸다.

상   상담 마치고 눈 마주침이나 인사도 없이 나가는 모습에서 거리감도 느껴지고 ○○씨가 차갑게 느껴져요. 다른 사람에게도 똑같이 한다면 ○○씨가 오해받고, 그래서 더 외로워질까 걱정되어요. 우리 마칠 때 눈 보며 인사하면 어떨까요?

또 그녀에게 전했다. 감정에는 윤리가 없으니 어떠한 감정도 느낄 수 있다고. 누군가가 죽이고 싶을 만큼 밉기도 하고, 심각한 수준의 시기와 질투도 느끼고, 진한 연민과 사랑을 느끼기도 한다고. 내가 느끼는 감정을 그대로 인정해 주자고.

---

*   감정부전장애(dysthymic disorder): 개인을 무능력하게 만드는 경미한 형태의 만성적 우울 상태

좀 더 안전한 환경에서 자기 본연의 색깔을 찾을 수 있도록 상담 중에 유머를 많이 사용했다. 가끔 그녀 자신도 모르게 미소를 짓거나 웃을 때 느껴지는 친밀감과 연결감에 대해서는 폭풍 지지를 해주었다. 물론 상담자의 개인적인 자기 노출도 했다.

> 상   저도 스무 해 넘도록 상담을 하고 있지만 여전히 내적 갈등이 심한 이야기는 표현하기 힘들어요. 상대가 말하지 않아도 알아주길 바라는 독심술의 신화를 갖고 있어요. 사실은 불만이 있어도 말하지 못하는 자신이 싫은 거면서 상대 탓으로 돌리는 내 모습이 답답해요.

나도 그대와 크게 다르지 않다고 고백했다.

서로의 해방일지가 되다

드라마 『나의 해방일지*』에서 캐릭터 염미정은 구 씨에게 말한다. 사람들은 천둥 번개가 치면 무서워하는데 자신은 이상하게 차분해진다고, 드디어 세상이 끝나는구나 싶어서 좋고, 자신이 갇혔다는 것은 알겠는데 어디를 어떻게 뚫어야 할지 모르겠으니 그냥 다 같이 끝났으면 좋겠다고.

---

*   나의 해방일지: 2022년 4월 9일에서 5월 29일까지 16부작으로 상영된 JTBC 토일 드라마

상담실에서 다양한 염미정을 만난다. 그들은 불행하진 않지만 행복하지도 않으니 이대로 끝나도 상관없다고 말한다. 늘 혼자라는 느낌과 버려진 느낌에 시달린다고. 하는 일 없이 지치고 근근이 버티며 살아간다고. 언제인지 모르겠지만 점점 조용히 지쳐가고 있다고.

그래도 상담실을 찾아왔다는 것은 자신이 어디에 갇힌 건지 모르겠으나 뚫고 나가고 싶다는 것이며, 그래서 제대로 잘살아보고 싶다는 의지의 표현이다. 마음의 상처를 해결하지 않은 채 덮어놓고 있으면 휴화산(休火山)처럼 보이지만 내면에 마그마방이 존재하므로 작은 자극에도 언제든지 분화될 수 있다. 괜찮은 척 위장하지 말고 마음의 상처를 치료하기 위해서는 자신의 고통을 드러내야 한다.

활화산(活火山)이 사화산(死火山)이 되려면 심리적으로 안전한 사람에게 털어놓고 수용받는 경험이 필요하다. 그 과정이 결코 녹록지 않았지만 염기정은 용기를 내었고 구 씨와 해방클럽을 통해 굳이 행복과 불행을 과장하지 않으며 있는 그대로 직시하며 속내를 드러내었다. 그 결과 스스로가 사랑스러워졌고 세상이 살 만하게 느껴지게 되었다.

자기노출(self-disclosure)은 당연히 상담자가 내담자의 고난과 비슷한 경험이 있을 경우에 해당한다. 적절한 자기 노출은 내담자의 자기 개방을 촉진하며 서로 간의 신뢰를 높이고 인간 대

인간의 평등한 관계를 만들어 준다. 이처럼 경험을 공유하거나 자기 개방을 할 때 상담 동맹은 더욱 강화된다.

영화 『소원』에서 소원의 엄마 미희는 자신이 겪은 상처가 너무 감당하기 힘들었고 어느 누구도 자신의 고통을 이해 못 할 거라고 확신했다. 당연히 상담자에게도 냉담했고 마음을 열지 않았다. 상담자 정숙은 자신도 과거 딸을 성폭력으로 잃었으며 그 충격으로 자살을 시도할 정도로 힘들었던 아픈 상처를 노출하였다. 이를 계기로 두 사람은 상담 관계를 넘어선, 끔찍한 외상에서 살아남은 동지로서 새로운 관계가 형성되었다.

자기 노출의 가장 큰 치유 원리는 보편성(universality)이다. 실존주의 심리치료의 대가 얄롬(Irvin D. Yalom)은 나만 그렇게 힘든 게 아니고 다른 사람들도 나랑 똑같다고 느끼는 보편성은 마음에 위안을 주고 치료에 도움이 된다고 했다.

자신의 외상(trauma)을 동력과 자원으로 활용할 수 있는 직업이 과연 얼마나 될까? 상담자의 심리적 상처들은 방 안 온도를 덥히는 난로의 땔감과 같다. 그 자원이 사람과 사람으로서 사랑하고 이해하고 따뜻하게 위로하는 원천이 된다. 물론 자신의 상처에 함몰되어 있지 않고 건강한 작업을 통해 외상 후 성장을 겪었을 경우에 한해서다. 이는 상담자에게 끝없는 자기 분석이 요구되는 타당한 이유일 것이다.

진심이 맞닿을 수 있도록

슬픔이 있는 사람,
그 슬픔을 돕는 것이
어쩌면 나를 위로하는 것

청소년 상담에서 역전이* 상태의 나를 발견한 적이 있다. 소년은 화를 내며 부당한 취급을 당한 상황에서 자신이 대처한 행동의 정당성에 대해 주장했는데 상담자의 미지근한 반응에 분이 가라앉지 않는지 그런 생각과 태도에 문제가 있다며 따졌다. 어느 순간 나는 중립성을 잃고 주관적으로 반응하고 있었다.

상담실을 나오면서 머리가 복잡해졌다. 아니, 감정이 복잡해졌다는 표현이 맞겠다. 한동안 마음을 들여다보았다. 내담자가 흥분할 때는 좀 더 기다려 주고, 그 마음을 살펴보고 공감하고, 거울처럼 반영해 주어야 하는데 어떤 부분에서 말렸을까? 나의 어떤 부분이 건드려진 것일까?

감정 찌꺼기가 가라앉으니 본 모습이 드러났다. 자기주장을 하지 못하고 갈등이 두려워서 회피하던 내 모습에 접촉되었기 때문이었다. 과거 나는 아버지와 갈등이 심했고 상처를 자주 받았다. 그로 인해 갈등 공포증이 생겼다. 너무 아프면 피하는 게 상책이라고 믿었다. 친밀한 관계에서 갈등을 표현하기보다 참았고 상대에게 맞추었다. 그러다 과부하 상태가 되면 화가 났고 상대방이 미워졌다. 꼭꼭 눌러 서러웠던 '내 안의 내'가 소년의 말에 흔들렸던 것이다.

해결되지 못한 상담자 문제

초심 상담자 시절, 나보다 두 배 이상의 인생을 살아온 남자 내담자가 우울증을 치료하고 싶다고 상담실을 찾아왔다. 청소년 상담 기관이었기에 상담 대상은 아니었지만 마침 공개 사례 발표를 준비하고 있었기에 사례 공개와 녹음에 동의하고 상담을 진행했다.

그는 남들과 다른 드라마틱한 인생으로 인해 외상 후 스트레스 장애를 겪고 있었고, 병은 치료되지 못한 채 사회에서 요구하는 지도자 역할을 하며 점점 더 곪아갔다. 이 상처는 만만한 가족들에게 필요 이상의 분노와 폭력으로 종종 표출되었다.

그날도 상담 후 축어록*을 작성했다. 충분히 내담자에 공감했

---

* 역전이(countertransference): 내담자의 전이에 의해 상담자가 내담자에게 일으키는 반응으로 상담자의 갈등에 의한 왜곡된 관념이 내담자에 의해 발달해 내담자에게 투사되는 것

다고 생각했는데 웬걸 온통 내담자에게 부당한 훈육을 받은 작은딸에 대한 내용으로 가득했다. 둘째 딸이 얼마나 힘들었을까, 얼마나 수치스러웠을까, 그 감정이 이해되느냐 등등 상담자로서 중립적인 태도는 바람과 함께 사라졌고 사춘기 시절 아버지께 '혼나던 나'가 되어서 그 당시 못했던 말을 작은딸 입장에서 쏟아내고 있었다. 완벽한 실패였고 역전이 그 자체였다.

물론 슈퍼비전을 받았고 역전이를 해결하라는 과제를 받았다. 이제는 해결되었을 거라 믿었던 내 안의 문제가 고스란히 살아서 상담에 악영향을 준 것이다. 상담자의 해결되지 못한 문제는 종종 심리치료사로서 기능을 상실하게 만든다.

구원자로 생각하는 오만과 자만

멘토 사례 회의에서 한 멘토는 얼굴을 붉히며 분개했다. 자신이 일 년째 멘토링하고 있는 멘티 부모가 도저히 이해가 안 된다, 아이는 너무 착하고 괜찮은데 그런 부모 밑에서 계속 성장할 것을 생각하니 불쌍하고 걱정된다, 마음 같아선 당장 그 부모와 분리시켜 우리 집에 데려와서 키우고 싶다는 내용이었다.

멘토의 마음은 충분히 이해되었다. 비일관적이며 기본적인 훈육도 이루어지지 않은 채 방임되는 환경 속에서 성장할 멘티가

＊ 축어록(verbatim record, 逐語錄): 상담자와 내담자 간 상담 과정의 음성녹음이나 비디오 녹화를 문자화한 것

걱정되고, 자신의 기준에서 많이 벗어난 부모의 태도에 대해 충분히 부정적인 감정이 느껴질 수 있다. 그러나 여기서 중요한 것은 상담자가 이미 중립적인 태도에서 벗어나 역전이를 일으키고 있다는 것이다. 멘티를 중간에 두고 무의식적으로 멘티의 부모와 경쟁하고 있으며 부모를 가해자, 멘티는 피해자, 자신은 구원자로 여기고 있었다.

취약한 환경의 청소년은 상상 이상으로 많다. 그 많은 청소년을 다 데려와서 키울 순 없다. 분명한 건 그 아이의 부모는 상담자가 아닌 그들이고, 그 아이는 그 부모의 자녀다. 감당하기 힘든 부모일지언정 자기 부모를 온전히 부정하는 상담자에게 내담자는 정체성의 혼란을 느낄 것이다.

누구를 불행하다고 여기고 구원하겠다는 생각은 오만과 자만이다. 누군가의 삶을 불행하다고 평가할 수 있는 자격은 그 누구에게도 없다. 그들에게는 매일 반복되는 일상의 삶을 불쌍한 표정으로 바라보는 시선은 진정한 도움이 될 수 없다.

자신을 구하지 못한 자

미해결 문제가 있는 상담자에게 생길 수 있는 위험에 대해 큰 깨달음을 주는 영화가 있다. 상담자의 역전이를 고찰하게 해 주는 영화 『더 길티*』다.

캐릭터 경찰 조는 재판 중인 사건으로 경질된 채 긴급 신고 센터에서 근무 중이다. 다음 날 진행될 최종 재판으로 인해 초조해하던 중 한 통의 신고 전화를 받는다. 전화를 건 여성이 납치되어 있다는 사실을 직감하고서 그녀를 구하기 위해 차량을 계속 추적하면서 고군분투한다. 영화 후반부로 가면 조가 왜 그토록 이 사건에 혈안이 되어 집착했는지 이유가 나온다. 피해자를 구하겠다는 조의 적극적인 행동은 이타적인 도움이 아닌 죄책감이 만든 책임감이었다. 죄책감에서 벗어나기 위한 처절한 몸부림이었고 그것이 족쇄가 되었다.

조는 자신의 세계 속 독특한 경험(경찰 임무 중 청소년을 사살, 그로 인한 아내와의 별거, 딸을 만날 수 없음)과 해결되지 않은 감정(격정적 분노, 위태로운 불안, 팽팽한 긴장감, 무거운 죄책감)이 만나 전혀 다른 방향으로 결론을 도출하였다.

상대를 알지 못하는 상황에서 내 머릿속에서 만들어내는 한정된 정보로 섣부른 판단과 오해들로 가설을 세우고 확신하는 것은 얼마나 위험한 일인가! 자신을 구하지 못한다면 남을 도울 수 없다. 지금 내담자를 향한 나의 도움은 이타적 도움인가? 이기적 도움인가? 용기 있게 질문하고 답을 구해야 한다.

슈퍼비전을 하다 보면 가끔 내담자와 싸우는 상담 사례를 보

---

*   더 길티(The Guilty, 2021): 안톤 후쿠아 감독. 역전이의 위험성에 대해 생각할 수 있는 넷플릭스 스릴러 영화

게 된다. 상담자보다 한참 어린 내담자와 팽팽한 신경전으로 상
담이 아닌 토론을 한다. 토론으로 돌입하는 순간 치유적인 상담
은 될 수 없다. 내담자의 언행 중 어느 한 부분이 상담자의 심리
적 아킬레스건을 건드린 것이다. 상담자도 관계 경험으로 인해
상처받은 크고 작은 트라우마가 있기 마련이라 내담자의 말이나
행동에 의해 방아쇠가 당겨질 수 있다.

　상담자도 사람이니 좋고 싫음이 있다. 상담 과정 중에 다양한
감정이 자연스럽게 올라온다. 그러한 감정 상태를 실시간으로 알
아차리고 그다음 스텝을 고민해야 한다. 알아차리지 못하고 휘말
리게 되면 전문적 조력 서비스를 제공할 수 없다.

　상담자에게 역전이 다루기가 중요한 이유는 좋은 상담자가 되
기 위해 먼저 좋은 사람이 되어야 하기 때문이다. 상담자는 전문
적인 자질 이상으로 인간적인 자질이 중요한 직업이다. 그러기 위
해선 자신의 미해결된 숙제를 미루지 말고 제대로 바라보고 성
숙하게 다듬어 가야 한다.

서툴더라도 연결하다

나의 아버지는 가난한 어촌에서 고생하는 홀어머니의 자랑이 되
기 위해서 이를 악물고 달려가는 기관차로 살아왔다. 자식들에

게 당신이 못 받은 모든 혜택을 주고자 애썼고, 그 노력의 대가는 공짜가 아니었다. 당신께서 애쓴 만큼 자랑스러운 결과로 부응하길 요구했지만 내가 감당할 수 없는 높이임을 절감하고 결국 포기했다.

예민한 사춘기 시절, 장녀인 나와 아버지는 늘 부딪혔고 숨이 턱 막혔다. 인정받고 수용받고 싶어서 몸부림쳤지만, 그러지 못했기에 너무 슬펐다. 슬픔이 목젖까지 치밀어 오르면 몇 시간을 숨죽여 울었다. 너무 아팠기에 갈등이 생길 만한 상황이 두려워서 미리 도망치고 표현하기를 억눌렀던 것 같다.

너무 다른 우리는 물과 기름 같았다. 중학교 때인가 아버지와 멀찍이 떨어져서 TV를 봤다. 영화를 보면 늘 파블로프의 조건반사처럼 눈물을 흘리는 나는 그날도 조용히 숨죽여 눈물을 흘렸고, 우연히 바라본 아버지도 나와 똑같이 숨죽이며 울고 있었다. 우린 데칼코마니 같았다.

나는 밝고 긍정적인 엄마를 닮았다고, 아버지의 모습은 철저히 거부했다. 남이 보는 내 모습은 밝은 햇살의 여름이지만 해가 지면 드러나는 내 모습은 쓸쓸함과 슬픔이었다. 이처럼 양면성을 가진 내가 그림자처럼 너무나 익숙했다.

어릴 때는 진저리치도록 싫었지만 이제는 내게 있는 아버지의 모습이 감사하다. 사소한 것을 발견하고 느끼는 감수성과 내면에 내재된 슬픔이 상담과 심리학을 만나게 하고, 영화와 사진을 만나게 하고, 내담자의 슬픔을 이해하고 손을 내밀게 했다.

슬픔이 있는 사람은 나와 닮은 사람을 잘 눈치챈다. 그 슬픔에 연민이 가고 그 슬픔을 돕고 싶다. 어쩌면 누군가의 상처와 슬픔을 돕는 것은 나를 위로하고 토닥거리는 것일 수도 있다.

진짜 만남을 위해서는 싸우는 것과 갈등을 두려워하지 않고, 속마음을 용기 있게 드러내야 한다. 진심이 맞닿으면 서툴더라도 관계는 끊어지지 않고 연결된다. 최선을 다해도 연결이 끊어진다면 그것은 이미 내 영역이 아니니 그 또한 수용해야 한다. 나를 움츠리게 만드는 두려움의 정체가 무엇인지 자세히 들여다보고, 그 두려움이 허상인지 진짜인지 면밀하게 살펴봐야 한다. 존재하지 않는 허상 앞에 벌벌 떨면서 자신에게 진짜 소중한 것을 잃어서는 안 되기에.

이제 그 슬픔을 안아 주고 다독여 주고, 감사하다고 고백해야겠다. 인간의 다양한 감정을 의인화한 애니메이션 『인사이드 아웃*』에서 물과 기름처럼 섞이지 않을 것 같은 캐릭터 기쁨이가 슬픔이의 손을 잡았던 것처럼 슬픔이 할 수 있는 일은 너무나 많다. 특히 누군가의 말을 듣고 누군가의 손을 잡아주는 사람일 때는.

---

* 인사이드 아웃(Inside Out, 2015): 피트 닥터 감독. 다양한 정서와 인지 과정에 대해 배울 수 있는 애니메이션

더 길티, 안톤 후쿠아 감독, 2021

당신에게도 뱀이 있었나요?

— 영화 『더 길티』 중 에밀리의 대사

나의 아저씨, 2018, tvN

경직된 인간들은 다 불쌍해.
살아온 날들을 말해 주잖아.
상처받은 아이들은 너무 일찍 커 버려.
그게 보여. 그래서 불쌍해.

— 드라마 『나의 아저씨』 중 동훈의 대사

꾸밈없이 진솔하게

누군가 나를 편견 없이 바라보고
믿고 존중해 준다면 차가운 겨울에서
따스한 봄으로 올 수 있다

여러 이유로 사람에게 실망하고 부정적 경험이 있는 내담자를 돕기 위한 가장 우선적인 과업은 내담자에게 신뢰를 얻는 일이다. 위험한 존재가 아니라 믿을 수 있는 안전한 대상이라는 확신이 들 때 내담자는 마음의 잠금 패턴을 해지한다. 상담에서는 상담자와 내담자 간의 진솔한 관계가 무엇보다 중요하다.

말과 행동의 숨겨진 비밀

열심히 목표를 세우고 실천하는 성실한 20대 내담자가 있었다. 상담 중 노트북에 관한 이야기가 나왔다.

상	두 달 전에 노트북을 사야 할지 고민했었는데, 결정했나요?
내	아! 생각해 봤는데 필요 없을 것 같아요. 노트북 구입에 대해서 가족회의도 했는데 부모님은 사라고 했지만 제가 필요 없다고 했어요.

내담자는 필요 없다고 말하면서 수개월째 고민하고 있다. 가족회의까지 열면서 노트북 구입에 대해 고민하고 있었다. 내담자가 하는 말과 보여주는 행동에서 불일치를 보이고 있었다.

상	두 달 전, 아르바이트 시작할 때도 노트북 사야 할지 고민한 것 같은데요.
내	사실 고민을 한 건 3년 전부터예요. (3년이나?) 그런데 꼭 필요하다고 생각하지는 않아요. 다른 것으로 대체할 수도 있으니까요.

내담자는 강한 부정을 하고 있고, 이는 반대의 의미로 해석할 수 있다.

상	그런데 정말 필요 없다는 생각이 들었다면, 왜 3년간 계속 고민하고 있는 걸까요? 그 이유가 궁금하네요.

내   아마도… 미안해서 그런 것 같아요.

내담자가 하는 말과 행동의 불일치에 대해 질문 형태로 직면했고, 의외의 대답이 나왔다. 심층적으로 탐색할 필요가 있다.

상   구체적으로 누구에게 어떤 점이 미안한 건가요?
내   부모님이 경제적으로 많이 힘드신데, 그렇게 큰돈을 나 때문에 쓰게 하는 게 미안해서요.

'나 때문에'라는 표현은 많은 의미를 함축하고 있으므로 확인이 필요했다.

상   ○○씨가 아르바이트한 돈 일부로 사는 것 아닌가요? 그 돈도 가계에 보태라고 다 드렸잖아요.
내   네. 그렇죠. 사실 아르바이트하는 것도 만만치 않아요. 힘들게 버티면서 아르바이트를 했는데, 나 자신을 위해서 쓰는 건 없으니까 힘 빠져요. 나는 이렇게까지 포기하고 있는데 엄마는 돈을 막 쓰는 것 같고, 돈 빌려달라고 해놓고 갚지도 않으니까 속상하죠.

깊은 한숨을 내쉬고, 표정이 많이 어두워졌다. 내담자는 자신의 능력 이상으로 애쓰고 있고, 그 한도 초과는 또 다른 어려움을 가져오고 있을 것이다.

상   나는 이렇게 아끼고 있는데, 엄마는 수시로 돈 빌려 가서 갚지 않고 마치 밑 빠진 독에 물 붓는 느낌일 것 같아요. 기운 빠지고 많이 지칠 것 같아요. ○○씨, 궁금한 게 있는데, 부모님이 안 사 주신다고 한 것도 아니고 내가 번 돈의 일부로 필요한 물품을 사는 것인데 그렇게 미안한가요?

내   죄책감이 들어서요. 부모님께….

앞에서 보고한 감정(미안함)보다 좀 더 강도 높은 감정(죄책감)을 호소하고 있었다. 내담자의 핵심 신념과 연결될 수 있는 의미 있는 부분이니 탐색해 보기로 했다.

상   아! 죄책감이 드는군요. 이 죄책감은 언제부터 느낀 거예요?

내   어릴 때부터 집에 늘 돈이 없었으니까, 엄마가 항상 돈이 없다고 하셔서…. 돈 나갈 데가 너무 많다고, 늘 그렇게 돈 없다는 말을 듣고 자라서…. 사실 제가 밥 먹고 옷 입고 학교 가는 것도 다 돈이니까.

내담자는 어머니의 독백을 단순한 넋두리로 흘려보내지 않고, 스스로를 원인 제공자로 해석하고 있다. 어떤 상황인가 보다 그 상황에 대해 해석을 어떻게 했으며, 그것이 어떤 영향을 미쳤는지가 더 중요했다.

상　　엄마가 하는 말을 반복적으로 들으면서 어떤 생각이 들었을까요?

내　　글쎄요. 잘 모르겠어요.

상　　그 말을 계속 듣다 보면 만약 내가 없었으면 엄마 아빠가 좀 더 여유로웠을 텐데, 나 때문에 내가 돈을 많이 쓰게 해서 미안하다는 생각이 들 수도 있을 것 같아요. 어떤가요?

해석을 통해 그 당시 내담자의 자동적 사고*를 확인하였다.

내　　네…. 그랬던 것 같아요. 엄마가 항상 돈 없다고 하니까, 만약 내가 없었으면 우리 가정이 좀 더 여유롭지 않았을까 하는 생각을 했던 것 같아요.

상　　내가 없었으면 부모님이 덜 힘들고 부담이 덜 되었을 텐데, 라고 생각했군요.

---

*　　자동적 사고(automatic thoughts): 자극에 대해 자발적으로 일어나는 것으로서 검증되지 않은 순간적·구체적으로 떠오르는 역기능적인 개인의 신념이나 생각

이 순간 내담자는 감정이 울컥 올라오는지 한참 동안 울었다. 늘 침착하고 흐트러짐이 없었던 내담자였다. 내면의 목소리(난 미안한 존재, 태어나지 않으면 더 좋았을 것이다)와 마주치는 순간이었다.

상　　그 말을 엄마 옆에서 계속 들으면서 부모님의 민폐가 되지 않고 자랑스러운 자식이 되기로 결심했군요. 지금까지 얼마나 외롭고, 힘들고, 고되었을까!

내담자는 초등학교 저학년 때부터 부모에게 민폐가 되지 않으려고 준비물도 혼자 힘으로 준비하고 학교 행사에도 못 오게 했다. 부모가 뭔가를 해 주려고 해도 기회를 주지 않았고, 그럴수록 점점 외롭고 지쳐갔다. 이런 선택을 할 수밖에 없었던 그 당시의 어렸던 내담자의 생각과 행동에 대해 타당화했다. 그렇지만 이러한 선택이 너무 힘들어서 몸과 마음에 병이 생겼으니, 이제는 변화가 필요하다는 상담자의 진심을 진솔하게 전했다.
　한 주가 지났다.

상　　이제 ○○씨가 좀 이해되는 것 같아요. 왜 그렇게 힘들다고 하면서도 계속 목표를 세워서 끊임없이 도전하고, 친구들이 이제 좀 그만하라고 말려도 아니다, 부족하다고 하면서 계속 달려왔는지. 저랑 상담하면서도 어쩌면 최대한 완벽한 모습을 보여주려고 애썼을 것 같은데, 어땠나요?

내   사실…. 최근에 상담이 힘들어졌어요.

내담자의 비합리적 신념*(부모님에게 나의 존재가 자랑스럽도록 부담은 전혀 주지 않고, 모든 것을 완벽하게 잘해야 한다)은 상담 장면에서도 똑같이 나타났을 것이다. 실제로 내담자는 상담 과제도 열심히 하고, 상담자의 질문에 답을 완벽하게 하려고 애썼다. 내담자에 대한 생각을 있는 그대로 개방하여 내담자가 솔직하게 표현하도록 돕고자 했다.

상   그랬군요. 자세히 얘기해 줄 수 있나요?

내   저는 실수하는 게 싫고 사람들에게 인정받고 싶어요. 그래서 사람들이 질문할 수 있는 예상 목록을 만들고 최대한 완벽한 답변을 만들어요. 그런데 상담에서는 단 한 번도 생각하지 못한 질문을 받으니 뭐라고 말해야 할지 모르겠더라고요. 그래서 상담이 힘들다는 생각이 들었어요.

상   아! 그랬구나. 그래서 전에 머리가 하얘진다고 한참 말을 못 했군요. 그런 갈등을 하는 줄 전혀 모르고 있었어요. 솔직하게 말해 줘서 고마워요. 상담하면서도 계속 긴장되

---

*   비합리적 신념(irrational beliefs): 일상생활에서 겪는 구체적인 사건들에 대해 합리적이지 못한 방식으로 받아들여 자기 패배적인 결과를 가져오는 신념들

고 힘들었겠군요.

내   네. 저는 누구든, 친구를 만나거나 일을 할 때도 면접 보고
       있는 느낌이에요. 상대가 하는 질문에 가장 정확한 답변
       을 해야 하니까 긴장돼요. 실수하면 안 되니까.

상   면접을 본다는 말을 들으니 확 와 닿네요. 면접이라는 게
       내가 어떻게 언행을 하느냐에 따라 잘하면 합격되고 못 하
       면 불합격하는 거니까. 잘해서 합격해야 그 사람들과 함께
       소속되어 생활할 수 있는 거니까.

내   제가 기계는 아니잖아요!! 사람들에게 제가 기계가 아니
       라고 말하고 싶어요. 어떻게 항상 입력 버튼을 누르면 똑
       같은 출력을 할 수 있겠어요. 정말 힘들어요. 지쳤어요.

내담자에게 부모를 비롯한 모든 사람은 '면접관'이었다. 매 순간
자신을 평가하고 있다고 인식하고, 합격해야지만 가족, 친구, 직
장의 구성원으로서 수용되고 그렇지 못하면 버림받는다고 지각
하고 있다.

상   기계라는 단어를 들으니 ○○씨가 얼마나 숨 막히도록 힘
       들었을지 짐작할 것 같아요. 어쩌면 지금부터 우리가 진짜
       만나는 것 같아요.

---

*   내적 준거틀(internal frame of reference): 개인의 지각적 장으로서 세상에 의미를 부
      여하는 방식으로서의 틀 혹은 원리

상담자가 용기를 내어 질문한 것에 내담자는 솔직하게 민낯을 드러냈다. 우리는 새로운 상담의 전환점을 맞게 된 것을 축하했다. 그리고 그 당시에는 최선이라고 생각한 행동이었으나 이제는 감당하기 버거워 똑같은 방법으로 대처할 수 없다는 것에 내담자는 동의했다. 내담자의 강력한 내적 준거틀*에 직면했다. 부모에게 부모 역할을 할 수 있는 기회를 주지 않고, 소녀 가장처럼 매일 살아가는 것이 과연 자신에게 어떠한 이득이 되는지에 대해 깊이 나누었다.

진실한 관계의 조건

관계의 진실성을 보여준 드라마가 있다. 많은 사람의 인생 드라마로 자리매김한 『나의 아저씨*』에서 캐릭터 지안은 동훈에 의해 세상과 사람을 바라보는 관점이 달라졌다. 상담자는 아니지만, 세상과 인간에 대한 냉소와 불신이 가득한 차가운 아이의 마음을 진정한 존중과 사랑으로 녹여낸 동훈을 통해 상담자의 자세를 다시 새겨본다.

　지안의 겉모습을 보고 욕하는 사람들에게 동훈은 말한다.

　"경직된 인간들은 다 불쌍해. 살아온 날들을 말해 주잖아. 상처받은 아이들은 너무 일찍 커 버려. 그게 보여. 그래서 불쌍해.

＊　나의 아저씨: 2018년 3월 21일에서 5월 17일까지 16부작으로 상영된 tvN 수목 드라마

개의 지난날들을 알기가 겁나."

자신의 숨겨둔 과거를 알고 모두 떠나갔기에 사람들은 모두 자신을 싫어한다고 믿는 지안은 치부를 다 알고도 한결같은 동훈에게 묻는다.

"진짜… 내가 안 미운가?"

동훈은 내가 이미 널 알기에 괜찮다고 응답한다.

상처를 많이 받은 내담자일수록 더 오랫동안 상담자를 시험한다. 이 검증 과정이 스스로를 보호해야 하는 내담자의 최선임을 이해하고 버텨 주어야 한다. 상담자 마음속 측은지심이 내담자에게 울림을 전해 주어 테스트를 무사히 통과한다면 좋은 상담자가 될 수 있다. 냉소적이고 사람을 불신하는 지안은 사람들 앞에서 동훈에 대해 말한다.

"처음으로 사람대접받아 봤고, 어쩌면 내가 괜찮은 사람일 수도 있겠다는 생각이 들게 했습니다. 함께했던 3개월이 인생에서 가장 따뜻함을 느꼈기에 다시 태어날 수 있었어요. 무시 천대에 익숙해져서 사람들에게 별로 기대하지도 않았고 인정받으려고 좋은 소리 들으려고 노력하지도 않았어요. 근데 이제 잘하고 싶어졌어요."

동훈은 한 인간에게 할 수 있는 가장 의미 있는 일을 했다. 나이, 직급, 성별에 구애 없이 한 인간으로서 평등하게 존중하였고,

지안 자신도 미처 몰랐던 좋은 장점을 계속 찾아서 괜찮은 존재로 느끼게 해 주었다. 사람에 대한 기대가 없던 사람을 도전하고 싶어지도록 해 주었다.

자신을 편견 없이 바라보고 믿고 존중해 준 동훈으로 인해 지안은 차가운 겨울에서 따스한 봄의 세상으로 올 수 있었다. 그래서 자신이 괜찮은 존재임을 깨달았고, 이름처럼 평안함에 이르게 되었다.

상담자가 걷는 길

상담에서 진실성을 발휘한다는 것은 상담자가 상담 관계에서 꾸밈없이 자신의 모습 그대로 존재하는 것이다. 행동과 감정, 행동과 사고, 사고와 감정을 모두 일치시키는 것이다. 진솔해지기 위해서는 큰 용기가 필요하다.

내담자도 이런 말 하면 날 이상하게 보지 않을까? 한심하게 보지 않을까? 과연 편견 없이 이해해 줄 수 있을까? 염려되고 걱정되겠지만, 상담자 또한 지금 여기에서 느끼는 내담자에 대한 생각과 감정을 있는 그대로 표현하는 것이 망설여질 때가 많다. 어쩌면 괜히 이 말을 함으로써 그동안 쌓아온 신뢰감과 친밀감이 깨지거나 상담이 도중에 끊어지지 않을까 하는 두려움도 생긴다. 그러나 진심의 힘을 믿고 용기를 내어야 한다. 드라마 후반부에 지안이 동훈에게 하는 고백은 많은 시청자의 심금을 울렸다.

"아저씨 소리 다 좋았어요. 아저씨 말, 생각, 발소리… 다. 사람이 뭔지 처음 본 것 같았어요."

천 겹 만 겹 단단한 마음 벽을 허물고 이 세상에 좋은 어른이 있다는 것을 알게 된 내담자는 지안처럼 고백하지 않았을까. 백 번 실패하고 낙담해도, 단 한 번 이 고백을 듣는 기쁨에 우리들은 또 녹록하지 않은 상담자의 길을 걷는 것일 거다.

다르게 보기, 다르게 살기

하나의 시점이 아닌 다양한 관점에서
바라본다는 것은
인생을 살아가는데 귀중한 자산이다

사랑하지만, 상처를 주고받는 사람들이 상담실을 찾아온다. 그들은 부부, 부모와 자녀, 연인, 친구라는 이름을 가지고 있다. 그들은 상대가 문제가 많으니 저 사람을 변화시켜 달라고 요청한다.

"어떻게 저렇게 생각할 수 있냐고요! 저 같으면 절대 그렇게 하지 않아요."

도대체 이해할 수 없다고 호소한다. 한 사람은 A만, 다른 한 사람은 B만 정답이라고 부르짖으며 고통스러워한다. 상담자는 내담자의 말을 반박하지 않고 인정하면서 미처 생각하지 못한 의미 있는 다른 관점도 제시한다. 한 방향으로 편향된 관점을 확장시켜 통합적으로 볼 수 있도록 돕는다. 세상을 하나의 시점이 아닌 다양한 관점에서 바라본다는 것은 인생을 살아갈 때 귀중한 자산이 된다. 하나의 생각에 함몰되지 않고 역경을 맞이해도 다시 일어설 힘을 얻을 수 있기 때문이다.

역경에서 일어날 힘의 시작

통합적인 관점을 가질 수 있도록 조력하는 용감한 소녀가 있다. 디즈니 애니메이션 『모아나*』에서 캐릭터 모아나는 갑자기 마술이 듣지 않아 체념한 마우이에게 다시 도전하라고 용기를 북돋운다. 모아나는 진심을 다해 마우이에게 마음을 전한다.

"사실 난 잘 몰라. 나도 바다가 왜 나를 선택했는지 모르겠어. 여기는 너하고 나뿐이야. 난 너를 돕고 싶어. 하지만 못해. 네가 마음을 열지 않으면."

'나는 잘 모릅니다'의 자세는 얼마나 아름다운가! 알지 못함을 인정하는 것은 나보다 상대를 더 생각할 때 말할 수 있는 용기다. 이어서 돕고 싶은 진심을 솔직하게 전하고 선택권은 당신에게 있으니 마음을 열 것을 권하는 것은 비자발적인 내담자의 상담 동기 유발에 상당히 효과적이다. 진솔한 모아나의 말에 마음이 열린 마우이는 말한다.

"부모님은 내가 필요 없다고 생각했나 봐. 날 바다에 던져 버렸지. 내가 아무것도 아닌 것처럼. 어떻게 하다 신들이 나를 발견했

---

* 모아나(Moana, 2016): 론 클레먼츠&존 머스커 감독. 우정과 모험을 통해 소녀의 성장을 그리는 애니메이션

고 내게 갈고리를 줬어. 날 마우이로 만든 거지."

마우이의 대사를 통해 자신은 부모도 버릴 정도로 불필요하고 하찮은 존재이며 자신이 특별해진 것은 우연히 타인에 의해 일어났다고 믿고 있음을 알 수 있다. 이런 부정적 자기 표상*을 가지고 있는 이상, 효능감과 자존감이 높아지기란 참으로 힘들다. 이런 마우이에게 모아나는 다른 관점을 제시한다.

"신들이 너를 찾은 것은 이유가 있을 거야. 바다가 널 신들에게 데려간 건지도 몰라. 네가 구해 줄 만한 사람이라는 것을 바다가 알아본 거지. 그렇지만 너를 마우이로 만든 건 신들이 아니야. 너 자신이지."

역기능적 증상(마법이 더이상 듣지 않음)이 부정적 신념에 의해서 비롯되었다는 것을 깨달은 모아나는 반론을 제기한다. 네가 특별한 존재가 된 것은 네가 그만한 가치가 있는 존재이며 무엇보다 너 자신이 노력한 결과라고. 모아나는 마우이의 부정적 자기 표상을 전환하여 긍정적 자기 표상을 가질 수 있도록 돕는다.

모아나로 인해 자신이 더는 하찮지 않은 충분히 괜찮은 존재이며 스스로를 사랑하고 있었음을 깨달은 마우이는 다시 용기를 내어 새로운 도전을 하게 된다. 이러한 과정을 인지재구성*이라고 한다. 다음은 애니메이션 『모아나』의 캐릭터 모아나에게서 배우는 상담의 원리다.

---

* 자기 표상(self representation): 대상에 반응하고 행동하는 자기 자신에 대한 이미지

* 인지재구성(cognitive restructuring): 비합리적인 사고방식을 합리적·체계적으로 재구성하여 불합리한 상황을 평가하도록 하고 자신의 진술을 수정하도록 하는 절차

① 모르는 부분은 숨기지 말고 솔직하게 인정한다.

② 돕고 싶은 마음을 전달하고 작업 동맹을 위해서 내담자가 용기 있게 자기
노출을 선택해야 함을 전한다.

③ 경청을 통해 내담자의 자기 표상과 비합리적 신념을 확인한다.

④ 내담자가 간과하고 있는 의미 있는 부분(성과, 노력 과정 등)을 제시하고
다양한 관점에서 통합적으로 볼 수 있도록 유도한다.

우리는 모두 특별하다

현실 세계는 내일도 여전히 녹록하지 않을 것이고, 나를 괴롭히
는 그 사람도 쉽사리 달라지지 않을 것이다. 그러나 똑같은 상황
이라도 다르게 볼 수 있다면 오늘과는 다른 삶을 살 수 있다.

애니메이션 『인사이드 아웃』에서 감정 제어판이 제대로 작동
하려면 기쁨이도, 슬픔이도 필요했던 것처럼 기쁨은 좋고 슬픔
은 나쁜 것이 아니다. 각자 고유한 기능이 있다. 무지개의 일곱
빛깔이 모두 중요하고 그 빛의 조화가 독특한 아름다움을 보여
준다. 저녁노을이 한없이 아름다운 건 한 가지로 정의할 수 없는
여러 색채가 섞여 정형화되지 않았기 때문이다.

애니메이션 『모아나』의 마우이가 특별한 것처럼 우리는 모두

특별하다. 마우이가 자신의 존재를 부정하고 별것 아닌 존재로 믿기를 그만둔 것처럼 지금 내가 이 세상에 숨 쉬고 살 수밖에 없는 필연적 이유를 믿었으면 좋겠다. 또 그대가 꽃보다 아름답다는 것도 믿었으면 좋겠다. 상담자의 중요한 책무 중 하나가 내담자의 향기롭고 어여쁜 꽃 같은 모습을 발견하고 전달하는 것이라 믿는다.

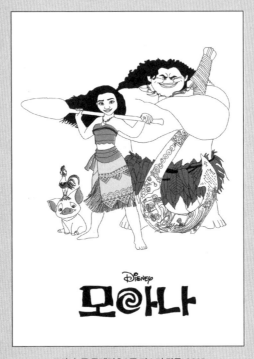

모아나, 론 클레먼츠&존 머스커 감독, 2016

세상이 혹독해도
여행이 고통스러워도
상처는 아물며
널 가꿔줄 뿐이란다.

― 애니메이션 『모아나』 중 탈라의 대사

드래곤 길들이기, 딘 데블로이스&크리스 샌더스 감독, 2010

드래곤과 인간은
친구가 될 수 있어.

― 영화 『드래곤 길들이기』 중 히컵의 대사

누군가의 somebody

우리에겐 누군가가 필요하다.
나의 아주 작은 진실한 부분을 찾아
"넌 특별해"라고 말해 줄 누군가가

좋은 상담자가 되기 위해 갖추어야 할 자질과 태도 중에 가장 우선되고 중요한 태도가 무엇이냐고 묻는다면 단연코 '관찰력'이라고 말한다. 내담자는 한 시간 동안 많은 이야기를 하는데 언어만 듣고 있다면 내담자가 하는 말의 절반도 못 알아듣는 셈이다. 내담자는 때로는 '말'로써, 때로는 말이 아닌 다른 언어 즉 안색, 표정, 시선 접촉, 자세, 호흡, 침묵, 억양, 말의 속도, 목소리의 떨림 등으로도 진심을 이야기한다. 내담자의 진심을 알고 싶다면 훨씬 더 큰 비중을 가지고 있는 비언어 목소리를 들을 수 있어야 한다.

때로는 언어보다 표정에서

오래된 남사친이 있는 20대 내담자는 또래들과 비슷한 고민을 하고 있었다.

> 내   참 괜찮은 애 맞아요. 그 애가 오랫동안 나한테 관심이 있다는 것도 알죠. 알지만 계속 모른 척하고 있어요.
>
> 상   알면서도 모른척한다는 것은 어떤 부분이 염려되어서인가요?

의도적으로 마음과 다른 행동을 한다는 것은 내담자가 어떤 것에 두려움이 있다는 의미다. 내담자의 말속에 숨겨진 욕구와 두려움을 확인하기로 했다.

> 내   수년째 친한 친구인데 괜히 사귀었다가 헤어지면 친구도 잃고 연인도 잃는 거잖아요. 그리고 그 뒤에 모임에서 얼굴을 보면 얼마나 어색하고 불편하겠어요.

드라마 『쌈, 마이웨이*』의 캐릭터 고동만이 사귀자고 고백하는 20년 여사친 최애라에게 말한 대사가 떠올랐다.

---

*   쌈, 마이웨이 : 2017년 5월 22일에서 7월 11일까지 16부작으로 상영된 KBS 월화 드라마

"연애한다는 것이 어떤 의미인지 알아? 연애한다는 것은 이별을 예상해야 하고, 이별은 아무리 보고 싶어도 다시는 볼 수 없다는 거야."

내담자의 고민과 걱정에 대해 충분히 공감한 후, 가상의 질문을 했다.

상   혹시 지금처럼 계속 마음을 안 받아 주다가 다른 사람이 그 친구에게 접근해서 둘이 사귀게 되고, 그 모습을 본다면 어떨 것 같아요? 몇 년간 호감을 표현했는데 나는 계속 무시했고, 그 빈자리에 누가 들어올 수도 있는 거잖아요.

말이 채 끝나기도 전에 내담자의 웃음기가 사라졌고 고개를 저으며 질색하는 표정으로 미간이 좁아지면서 눈살과 콧등을 찌푸렸다. 의미 있는 신호다. 실시간으로 비언어를 반영했다.

상   지금 제가 남사친에게 여자 친구가 생긴다면 하고 말하니 고개를 흔들면서 미간을 강하게 찌푸리네요. 그 표정의 의미는 뭘까요? 제가 보기에는 상상조차 하기 싫은 것처럼 느껴지는데, 맞나요?

상담자의 질문에 똑같은 표정을 연속 짓는 것을 반영하였고, 내담자는 생각보다 남사친에 대한 감정 강도가 크다는 것을 인식하게 되었다. 오늘 그 친구를 만나기로 했다고 수줍게 미소를 짓는 그녀가 이제 자신의 욕구와 두려움을 알았으니 후회 없는 선택을 했을 거라고 기대한다. 종종 내담자의 무의식적인 표정이 필터링하는 언어 반응보다 훨씬 더 강력한 진실이 된다.

공감보다 앞서는 것

비언어적인 공감을 진하게 보여주는 영화가 있다. 『미스 리틀 선샤인*』에서 캐릭터 드웨인은 자신이 색맹인 것을 알고 절규한다. 전투 조종사가 되기 위해 오랜 시간 애쓴 노력이 물거품이 되는 상황이었다. 좌절한 아들을 공감하기 위해 엄마가 나섰지만, 오히려 역효과였다. 이윽고 동생 올리브가 오빠에게 다가간다.

　과연 어린 일곱 살 올리브가 극심한 좌절 속의 오빠에게 어떤 말로 공감을 할 것인가? 소녀의 선택은 아무 말 없이 오빠와 함께 있는 것이었다. 놀랍게도 오빠는 잠시 침묵하다 동생의 손을 잡고 일어선다. 화를 낸 것을 가족에게 사과하고, 곧 안정을 찾는다. 단지 어린 팔로 오빠를 감싸고 안아 주는 것, 마음으로 '오빠. 많이 힘들지. 힘든 마음 알 것 같아. 내가 함께 있어 줄게', 그

＊　미스 리틀 선샤인(Little Miss Sunshine, 2006): 조나단 데이턴&스파이크 존즈 감독. 진정한 가족의 의미를 생각하게 하는 영화

걸로 충분했던 것이다.

둘의 관계에는 이미 믿음과 사랑이 있었다. 이전에 단단한 관계가 형성되어 있었기에 가능했을 것이다. 그리고 감정을 추스르고 생각지 못한 고난을 받아들일 수 있도록 기다려 준 것이 행동의 변화를 가져온 계기였다고 생각한다. 다음은 영화 『미스 리틀 선샤인』의 캐릭터 올리브에게서 배우는 공감의 원리다.

① 당신 옆에 내가 함께 있다는 것을 전한다.
② 공감의 언어보다 비언어적 공감(진심)을 더 우선적으로 전한다.
③ 진실되고 믿을 수 있는 관계를 형성한다.
④ 아픔을 받아들이고 소화할 수 있는 시간을 기다린다.
⑤ 의도적으로 행동을 변화하려는 마음을 내려놓는다.

선 인정, 후 제안

짧은 대사지만 공감을 잘 보여주는 애니메이션이 있다. 『드래곤 길들이기*』에서 캐릭터 아스트리드는 낙담한 친구 히컵에 공감한다.

"엉망진창이네. 네 기분도 그렇지. 다 잃어버렸잖아. 아빠에, 사람들에, 친구들까지."

부족 앞에서 배신자로 몰려서 부족장인 아버지를 비롯한 부

---

*   드래곤 길들이기(How to Train Your Dragon, 2010): 딘 데블로이스&크리스 샌더스 감독. 우정과 모험을 통해 소년의 성장을 그리는 애니메이션

족민과 친구들에게 배척당하고, 드래곤 친구가 붙잡혀서 안절부절못하는 히컵의 감정(소외감, 외로움, 혼란스러움)을 공감하고 있다.

"정리 잘해 줘서 고맙다. 숲에서 처음 만났을 때 죽였어야 했는데, 그게 모두한테 좋았을 거야."

"맞아. 우리라면 다 죽였겠지. 그런데 왜 살렸어?"

히컵이 말하자 아스트리드가 친구(내담자) 히컵의 행동 의도와 욕구를 확인한다.

"몰라. 그냥 못 죽였어. 왜 갑자기 그걸 꼬치꼬치 캐묻는데?"

"지금 네가 무슨 말을 하는지 기억하려고."

히컵의 짜증 내는 반응에 아스트리드는 동요하지 않고 당신은 내게 중요한 존재이며 집중하여 잘 듣고 돕고 싶다는 마음을 전달하고 있다. 가족이나 친구가 이런 반응을 보일 때 솔직 담백하게 마음 전하기란 쉽지 않다.

"난 겁쟁이였고 약골이었어. 그래서 놈을 안 죽인 거야."

"역시 안 죽인 거네."

히컵이 드래곤을 못 죽인 것이 아니라 의도적으로 죽이지 않았다는 것을 아스트리드가 확인한다. 경청과 확인 기법*의 적용이다.

"어쨌든 난 300년 만에 드래곤을 안 죽인 바이킹이 되었어."

"300년 만에 드래곤을 탄 것도 최초지."

이 대사가 압권이다. 아스트리드는 내담자 히컵의 말을 반박

---

* 확인 기법: 내담자가 말한 중요한 내용을 정확히 이해하고 있는지 상담자가 자신이 이해한 내용을 내담자에게 확인하는 기법

하지 않고 인정하고, 도리어 히컵이 미처 생각하지 못한 의미 있는 다른 관점까지 제시한다. 부정적으로 편향되어 있는 관점을 확장시켜 통합적으로 볼 수 있도록 했다. 무조건 논박하기보다 내담자의 관점을 인정하고 새로운 긍정적 관점을 제시하는 것은 상당히 효과적이다.

"나처럼 겁먹은 모습을 보니까 죽일 수 없었어. 녀석을 보면 날 보는 것 같아."

"지금도 많이 겁먹었을 텐데, 이제 어떻게 할 거야?"

"바보짓 좀 해야지."

"그래. 그게 좋겠다."

아스트리드는 내담자 히컵의 욕구를 정리한 후 행동 계획을 세운다. 상담자가 먼저 답을 제시하지 않고 내담자가 세울 수 있도록 기다린다. 다음은 애니메이션 『드래곤 길들이기』의 캐릭터 아스트리드에게서 배우는 상담의 원리다.

아스트리드에게 배우는 상담의 원리
① 내담자 마음을 이해하고 싶다는 마음을 표현한다.
② 내담자가 소중하며 진심으로 돕고 싶다는 마음을 전한다.
③ 말속에 숨어 있는 내담자의 의도를 확인한다.
④ 내담자의 관점을 인정하면서 새로운 긍정적 관점도 제시한다.
⑤ 내담자의 욕구를 정리한 후 스스로 행동 계획을 세우도록 조력한다.

공감이 어렵다면 내담자의 감정과 생각을 그냥 인정해 주자. 상담자가 나의 경험을 지각하고 이해하는 것을 알게 되면서 자신이 느끼는 감정에 타당성을 부여할 수 있으니.

사람에게는 누군가가 필요하다

솔루션을 제시하고 정답을 말하고 싶은 욕망은 수시로 올라온다. 그러나 내 욕심은 내려놓고 공감해야 한다. 공감(empathy)은 내담자와 똑같은 일을 겪지 않았지만, 내가 내담자라면 어떤 감정을 느낄 것 같은지 알려주는 것이다. 물론 비슷한 경험을 했더라도 경험 자체가 다르고, 그가 느낀 감정과 내가 느낀 감정은 다르다. 어련히 다 안다고 생각한다는 것을 경계해야 한다.

습관처럼 '내가 네 입장이라면'이라고 말하지만, 그 입장 되기가 어디 그리 쉬운가! 공감 공식을 쓰기 전에 마음 헤아리기를 더 소중하게 여기는 상담자가 되기를 새기며, 심리치료 전문가 수련을 받으면서 알게 된 최애 문장을 나누고 싶다.

"Everybody need Somebody who you're Somebody."
누구에게나 당신의 Somebody인 누군가가 필요하다.

우리에겐 누군가가 필요하다. 나의 아주 작은 진실된 긍정적인 부분을 찾아서 "넌 특별해"라고 말해 줄 수 있는 누군가. 히컵에게는 아스트리드가, 드웨인에게는 올리브가 Somebody가 되어 준 것처럼 우리 모두 누군가(Somebody)의 누군가(Somebody)가 될 수 있다.

우리들의 해방일지

역할극은 시공간을 초월하여
나를 얽매던 것에서
해방되어 참 자유를 찾도록 도와준다

다음은 영화 『그녀*』의 캐릭터 테오도르와 상담하는 가상의 시나리오다.

섬세한 성격의 테오도르(T)는 타인의 마음을 전해주는 대필작가로 일하고 있지만 정작 자신은 아내와의 이혼 과정에서 우울을 겪고 있다. 아내와의 갈등을 주제로 역할극 상담을 하였다.

상   잠시 역할극을 해 볼까요? 제가 T 씨 역할을 하고, T 씨가 아내 역할이 되어서 대화를 하는 겁니다. 괜찮으시겠어요?

T   뭐. 좀 어색하기는 한데⋯ 아내 마음을 이해하고 싶기도 하니⋯ 해 보지요.

상   그럼 지금부터 제가 T 씨입니다. 제가 먼저 얘기할 테니 아내 입장에서 얘기해 주세요.

난 당신이 뭐 때문에 화났냐고 자꾸 재촉하는 게 싫었어. 꼭 그렇게 일일이 말해야만 했어? 좀 알면서도 모른척해 줄 수도 있었잖아?

T 모른척하기에는 당신은 너무 자주 화나 있었어. 난 숨기는 게 싫어. 부부는 가장 가까운 관계인데 왜 우리 사이에 비밀이 있어야 해? 내가 무슨 독심술사야! 말 안 하는데 어떻게 알아. 그렇게 입 꾹 다물고 있는데 내가 무슨 수로 아냐고? 당신은 내가 얼마나 힘들었는지는 모르겠지. 관심도 없으니까!

상 당신은 늘 그렇게 급하지. 난 시간이 필요한 사람이야. 난 내 마음을 아는 데 오래 걸리고 한참 마음을 들여다봐야 안다고. 내가 즉석 자판기도 아니고. 그렇게 오래 날 봤으면서 왜 그걸 몰라?

T 그럼 그렇게 말해 주면 좋았잖아. 조금만 기다려달라고. 내가 왜 화가 나는지 생각을 정리해서 말해 주겠다고. 그런데 당신은 얼굴이 퉁퉁 부어 있으면서도 내가 물으면 끝까지 아니라고 했잖아. 난 솔직히 당신이 우리 관계를 위해 노력하지 않는다고 생각했어. 당신은 관심도 없는데, 나 혼자 애쓰면 무슨 소용 있냐고. 난 당신이 더 이상 날

---

* 그녀(Her, 2014): 스파이크 존즈 감독. 인공지능과 사랑에 빠진 남자의 이야기를 그린 SF 멜로 영화

사랑하지 않는다고 생각했어.

상 당신을 사랑하지 않는다는 건 말도 안 돼. 난 우리 결혼을
    지키기 위해 참았던 거고, 혹시 갈등이 생겨서 우리 관계
    가 잘못될까 봐 두려웠어.

T 아니! 그렇게 말 안 하고 혼자 참고만 있으면 어떡해! 난 당
   신이 뭐가 불만이고, 내가 어떻게 해 주길 원하는지 정말
   알고 싶었다고. 누구보다 예쁜 결혼생활을 하고 싶었는데!
   말을 안 하는데 도대체 내가 어떻게 아냐고. (얼굴이 붉어지
   며 눈물이 고임. 3분 침묵) 이제 그만해도 될 것 같아요.

상 네. 그만하지요. T 씨 지금 어떤 마음인지 궁금합니다.

T 아내 입장에서는 이런 마음이었겠네요.

상 이런 마음이라는 것은 구체적으로 어떤 마음을 말하는 건
    가요?

T 많이 답답했을 것 같아요. 아내는 관계를 위해 최선을 다
   하고 있는데, 내가 변화할 기회조차 주지 않는다고 느껴지
   니 절망스러웠을 것 같아요.

상 그렇군요. 저는 아내 역할 중에 '날 사랑하지 않는다'와
    '말을 안 하는데 내가 어떻게 알아'라고 한 부분이 가장
    크게 와 닿았어요.

T 역할극을 하는데, 아내가 싸울 때 '당신은 날 사랑하지 않

아라고 했던 게 기억났어요. 왜 그런 말을 했는지 알겠더라고요. 그때는 어이가 없었는데 아내 입장에서는 노력하지 않는다고 느꼈을 거고, 그러면 사랑하지 않는다고 생각할 수 있겠구나! … 맞아. 그러네. 말하지 않으면 상대가 모르는 게 당연하군요. 가정을 지킨다고 참았던 것이 결국 가정을 깨트리게 된 거네요. 전 제가 억울하다고 생각했어요. 아내도 오랜 세월 많이 고통받았고 혼자 많이 외로웠을 것 같아요.

역할 바꾸기를 하면 상대방 역할을 통해 상대의 관점에서 바라볼 수 있게 된다. 테오도르처럼 자신의 고착된 관점(이혼당했다는 억울함, 나는 결혼생활의 피해자고 아내는 가해자)에서 벗어나 상대의 감정을 공감하고 자신과 상대방에 대한 이해가 깊어질 수 있다.

성장통, 낯설고 불편한 감정

시간이 많이 흘렀어도 밖으로 표현하지 않으면 그 말은 번식력 강한 잡초처럼 나의 내면을 잠식한다. 좋은 상담자를 만나서 마음의 해방을 얻은 남자가 있다. 영화 『애널라이즈 디스*』의 캐릭터 폴은 무소불위의 힘을 가진 마피아 보스다. 갑자기 공황장애와 불면, 정서 조절 곤란, 대인기피를 겪으면서 정신과 의사 벤을

---

* 애널라이즈 디스(Analyze This, 1999): 해롤드 래미스 감독. 정신분석치료 과정을 배울 수 있는 영화

만난다.

벤은 폴의 증세가 아버지의 죽음과 연관되었음을 알게 되고, 35년 전 돌아가신 아버지에게 하고 싶은 말을 하라고 요청한다. 아버지에게 혼나서 주눅 든 상황에서 의심스러운 남자의 접근을 눈치챘지만 망설이다 말하지 못했고 아버지는 살해당했다. 무의식적으로 자신이 경고하지 않아서 아버지가 죽었다는 죄책감이 있었고, 죽음에 대한 애도 과정도 충분히 갖지 못했다.

"그럼 지금 하세요. 부친이 여기 계시면 뭐라고 하시겠어요?"

"난 못 해."

"할 수 있어요."

"못 해. 난 못 하겠어. … 내가 하고 싶은 말은… 아빠. 죄송해요. 죄송해요. 아빠. 죄송해요. 내가 돌아가시게 했어요. 죄송해요. 아빠."

상담자의 지지로 인해 폴은 정말 하고 싶었던 말을 한다. 폴의 마음속에 35년간 가두어 두었던 목소리가 해방된 순간이다. 격한 감정을 말끔히 쏟아내어야 마음의 상처를 치유할 수 있다.

"폴, 당신 잘못이 아니에요."

"살릴 수 있었어."

"아버지는 당신을 구하려 하신 거예요. 그것 때문에 싸웠잖아요. 아버진 당신이 이렇게 되길 바라지 않으셨어요. 당신이 당신 아들에게 바라듯. 당신처럼 아버지 없이 자라게 하기 싫으시죠?

아버지는 돌아가신 게 아니라 당신 안에 살아 계시면서 뭔가를 말하려 하고 있어요."

상담자 벤은 평생 죄책감에 사로잡혀 살았던 내담자 폴을 죄책감에서 해방시킨 것도 훌륭한데 멋진 의미까지 부여하고 있다. 상담자의 인간적인 자질이 돋보이는 부분이다. 용기 있게 범죄에서 발을 떼고 좋은 시민, 좋은 아버지가 되라고 제안한다. 그것이 돌아가신 아버지의 뜻이고, 이상 증상이 일어나는 이유라는 최고의 해석을 한다.

폴은 각종 신체 이상 증상을 통해 마음이 아프고, 그 아픔을 돌봐야 한다는 신호를 받았다. 몸과 마음은 결코 분리되어 있지 않다. 몸이 아프다면 내 마음 어딘가가 눌려 있거나 돌봐야 할 지점이 있는지 점검하라는 신호이니 몸이 보내주는 신호에 관심을 가져야 한다.

"폴, 당신은 오늘 참 중요한 걸 발견했어요. 한동안은 기분이 안 좋을 거예요. 하지만 진척이 있었어요. 나머진 당신이 하기 나름이에요."

벤의 말에 전적으로 동의한다. 35년간 묻혀두었던 진실을 직면하고 격한 감정을 쏟아내는 것은 매우 치료적이나, 모든 성장통이 다 그렇듯이 낯설고 불편한 감정들과도 마주하게 된다. 그러나 용기 있게 진실을 인정할 때 내면의 감정적 상처를 정화하고 회복하고 자신이 어떻게 대처해야 할 것인지 방법을 찾을 수 있다.

죽을 결심, 죽을 각오

영화 『여중생A*』에는 역할극 장면이 잘 표현되고 있다. 캐릭터 미래는 친구들의 학교폭력으로 힘든 일상을 보낸다. 견뎌낼 수 있는 유일한 자원은 글쓰기와 짝사랑하는 태양이다. 어느 날 자신이 쓴 글을 백합이 도용한 사건이 일어났다. 유일한 증인인 태양은 백합과 사귀게 되면서 모른척한다. 미래는 태양에게 진짜 하고 싶은 말을 하기 위해 친구 재희에게 태양의 역할을 부탁한다.

"넌 날 친구라고 생각하긴 했니?"

"응."

"아니! 넌 날 친구라고 생각한 적 없어. 친구면 내가 쓴 소설이라는 걸 알면서도 아무 말도 안 하진 않아. 나한텐 그거 하난데…."

"그게… 미안해."

미래는 자신에게 글쓰기가 중요하다는 것을 누구보다 잘 아는 태양이 백합이 자기 소설을 표절한 걸 알면서도 외면했다는 것에 큰 상처를 받았다. 진정한 친구라고 느꼈던 우정이 산산이 무너진 절망감을 표현하고 있다.

"내가 죽으면 넌 슬퍼할까?"

---

* 여중생A(2018): 이경섭 감독. 청소년 문제와 자살 예방에 대해 생각해 볼 수 있는 영화

(친구 재희가 대본에 없음을 확인하고)

"죽지 마! 네가 사라지면 난 정말 슬플 거야."

미래는 그 당시에 정말 하고 싶었던 말을 (비록 다른 대상이기는 하나) 솔직히 표현하고 격한 감정을 쏟아내었다. 그 결과 갇혔던 에너지가 밖으로 방출되었기에 새로운 무언가를 할 힘을 얻게 된다. 죽을 결심을 했으니 죽을 각오로 현실에 부딪히라고 직면하라는 친구 재희의 조언에 미래는 용기를 내어서 진실을 찾기 위해 시도한다.

역할극, 갇힌 에너지를 방출하다

역할 바꾸기는 역할을 바꾸어서 그 장면을 다시 시도해 봄으로써 상대방의 입장을 이해하게 되고, 내가 어떻게 생각하고 행동해야 할지 길을 안내해 준다. 내담자에게 재경험하고 재조명하게 함으로써 같은 문제를 다르게 볼 수 있게 해주고, 상대방에 대한 이해를 넓히고 공감하게 해준다.

상담자나 내담자 모두 처음에는 상당히 어색하고 부담스럽지만 제대로 진행된다면 매우 효과적이다. 역할극은 객관적인 위치에서 자신을 바라봄으로써 나와 상대를 이해할 수 있는 장치를 만들어 나와 상대방을 동시에 보면서 새롭게 인식할 수 있는 제

3의 관점을 비교적 짧은 시간 내 강력한 체험을 통해서 가질 수 있게 한다. 어느 상담자의 질문에 대답했다.

"시간이 한참 지났는데, 내담자에게 그때 못한 말을 하도록 하는 게 의미 있을까요? 그 대상을 만날 수 없는 상황인데요."

"그분은 안 계시지만 내담자의 마음속에는 살아 움직이고 영향을 주고 있으니 밖으로 꺼내야 해요. 그래야 더 이상 영향받지 않고 자유롭게 살아갈 수 있어요."

가끔 인생도 영화처럼 편집할 수 있으면 참 좋겠다 싶다. 그때 하지 말아야 했던 일이나 후회되는 일들은 필름처럼 싹둑 잘라내고, 해야 했지만 차마 하지 못한 일들은 추가로 끼워 넣어 편집하고 싶다. 인생은 편집할 수 없지만, 다행히 상담에서는 좌절된 상황이나 이루고 싶은 소망 등을 역할극을 통해 간접 경험할 수 있다.

그 당시에 하지 못한 말과 행동 때문에 그 시점에 갇혀서 답답하고 힘들어하는 많은 내담자를 본다. 비록 상대방이 내담자 앞에 없고, 시간이 한참 지나 상황을 결코 되돌릴 수 없더라도 내담자가 하고 싶었던 말을 하게 하는 것은 앞으로 내담자가 건강하고 창조적인 삶을 살아가도록 도울 수 있다. 갇혔던 시간을 토해내야 제대로 된 시간의 흐름을 다시 맞이할 수 있다.

애널라이즈 디스, 해롤드 래미스 감독, 1999

부친께서는 돌아가신 게 아니라
당신 안에 살아 계시면서
뭔가를 말하려 하고 있어요.

　　－ 영화 『애널라이즈 디스』 중 벤의 대사

쓰리 빌보드, 마틴 맥도나 감독, 2018

어머니가 그랬어요.
희망보다 노력이 더 중요하다고.

— 영화 『쓰리 빌보드』 중 딕슨의 대사

외롭고 긴 여정의 동행

감정적이지 않으면서
솔직 담백하게 느낀 점을 전하는 피드백은
사람을 성장시키는 강력한 힘이 있다

드라마 『골든타임*』에서 중증 환자의 수술을 앞두고 다리 절단을 하고 싶지 않았던 민우는 밤을 새우며 방법을 찾는다. 그 과정을 묵묵히 보고만 있던 인혁은 민우에게 말한다.

"내가 염려스러운 것은 자네가 혹시 원하는 답을 정해 놓고 거기에 맞는 근거를 찾은 건 아닌가 하는 점이야. 최적의 답을 찾아가는 과정과 원하는 답을 정해 놓고 찾아가는 과정은 분명히 다르네."

정해진 답을 말해야 하나요?

나는 유연하고 개방적인 사람이라 나와 생각이나 관점이 달라도 다 이해하고 수용을 잘하는 상담자라고 자부하였다. 그런데 그 생각이 착각이었음을 일깨워 준 사건이 있었다. 예술치료 대가들의 동료집단에 일 년간 참여하였다. 각 분야의 예술치료를 공부하기 위해 구성원이 나누어서 진행하는 방식이었고, 나는 영화치료 집단상담을 진행하게 되었다. 평소 만나던 집단원들과 결이 달랐기에 부담을 안고 진행하던 중 한 분에게 피드백을 받았다.

"지도자 님은 정해진 답이 있어서 왠지 그 답을 말해야 할 것 같은 부담감이 들어요. 우리가 하는 말을 수용하다가 정해진 답으로 유도하는 느낌을 받았어요. 다르게 보고 해석할 수 있음을 수용받고 싶어요."

순간 본인의 좌절된 마음을 전하면서 동시에 지도자의 모습을 거울처럼 반영해 주는 피드백이었다.

'아! 각자 자신의 방식으로 자유롭게 보고 느끼고 있는데, 나는 영화 내용과 다르게 지각한다 싶으면 내가 생각하는 정답으로 수정하려 했구나!'

순간 머리가 아득해지는 느낌이 들었다. 그리고 내 모습을 객관적으로 보게 되었다. 그분 입장에서는 자신의 피드백을 어떻게 받아들일지 모르니 괜히 말했다가 어색하지는 않을지 망설여졌을 것이다. 그 두려움을 깨고 용기 있게 지도자 성장을 위해 피드백해 준 것이다. '저 지도자는 전문역량이 부족하군' 혹은 '답.정.상*이네', 이렇게 판단하고 넘어갈 수도 있는 것이 더 편했을 텐데 말이다.

---

* 골든타임: 2012년 7월 9일부터 9월 25일까지 방영한 MBC 월화 드라마

* 답.정.상: 답이 정해져 있는 상담자. 답정녀, 답정녀, 답정남 등으로 사용되는 신조어

그 피드백으로 미처 몰랐던 내 모습을 발견할 수 있었고, 거리를 두고 점검하고 변화할 수 있는 계기가 되었다. 그 피드백을 받지 못했다면 지금도 똑같이 하고 있을지 모른다. 생각만 해도 아찔하다. 감정적이지 않으면서 솔직 담백하게 느낀 점을 전하는 피드백은 사람을 성장시키는 강력한 힘이 있다. 다시 만난다면 그분에게 감사하다고 덕분에 더 성장했다고 전하고 싶다.

변화는 결국 실천에 있다

교정적 피드백*을 잘 보여주는 영화가 있다. 『쓰리 빌보드』에서 존경받는 경찰서장 윌러비는 좌충우돌 충동적인 경찰관 딕슨에게 진심을 담아 유서를 남긴다. 윌러비를 상담자로, 딕슨을 내담자로 가정한다면 이렇게 상담에 적용할 수 있다.

① **교정적 피드백을 하기 전에 내담자의 '긍정적인 면'을 지지한다.**

"자네는 좋은 경찰이 될 자질이 있다고 생각해. 자네도 알고 보면 괜찮은 사람이야. 늘 그렇게 생각했어."

 - 내담자에게 긍정적인 잠재력과 변화 가능성이 있음을 전달한다.

 - 내담자를 믿으며, 긍정적인 관점으로 보고 있음을 전달한다.

---

* 교정적 피드백(corrective feedback): 학습자가 학습 과정에서 오답한 경우 정·오 여부만 알려주는 게 아니라 오답의 원인 설명과 정답 반응에 이르는 과정을 송환해주는 것

② 과거의 부정적인 상황은 '당신 탓'이 아니었으며, 지금부터 변화될 것이라고 '희망'을 북돋우면서 긍정적인 변화에 '동기 유발'을 한다.

"지금까지 운이 더럽게 없었지만 상황이 달라질 거야. 난 느껴져."

- 지금까지 잘 풀리지 않은 원인을 내부귀인(내담자 탓)으로 인해 자책감이나 자괴감에 빠지지 않도록 조력한다.

- 지금, 이 순간부터 노력 여하에 따라 변화될 수 있다고 긍정적인 변화에 대한 동기 유발을 한다.

③ 내담자 문제를 '타당화'하면서 내담자의 욕구와 연결시켜 변화에 대한 필요성을 인지하도록 한다.

"그런데 '화'가 너무 많아. 아버지 돌아가신 후로 어머니 돌보느라 힘들어도, 증오심이 크면 자네가 꿈꾸는 자리에 올라갈 수 없어."

- 내담자의 현재 문제행동(분노와 증오심이 큰, 충동적인)이 내담자의 성장사(어린 나이에 아버지 대신 어머니를 돌보는 가장 역할을 함)와 관련하여 최선의 선택이었음을 인정하고 타당화한다.

- 내담자의 현재 모습이 꿈을 이루기 위한 걸림돌이 될 수 있으므로 행동 수정의 필요성을 인지할 수 있도록 조력한다.

④ 새로운 변화 방향을 안내하고 구체적으로 실천할 수 있도록 행동계획을 세운다.

"형사가 되려면 사랑이 필요해. 사랑에서 침착함이 나오고 침착함에서 생각이 나오지. 뭔가를 알아내려면 생각이 필요해. 증오로는 아무것도 해결 못 해. 침착함과 생각이 해결하지."

– 내담자가 원하는 꿈을 이루기 위해서 현재의(충동적·폭력적) 모습을 고수하면 안 된다는 것을 수용하도록 조력한다.

– 내담자가 원하는 꿈을 이루기 위해 필요한 변화 방향(필요 역량·태도)을 안내한다.

"시도라도 해 봐. 누가 게이라고 하거든 동성애 혐오로 체포해."

– 과거의 충동적인 방식이 아닌 새로운 합리적이고 합법적인 방식을 사소한 것이라도 실행해 볼 것을 제안한다.

물은 99도까지는 끓지 않는다

한 내담자가 자기 마음처럼 빨리 변하지 않아서 답답하다고 했다. 잘된다 싶다가도 다시 예전 방식이 재연되는 스스로가 싫다고 했다. 변화의 필요성을 깨닫는 순간, 누구나 순간 이동하고 싶다. 그러나 가상 세계가 아닌 현실 세계에서는 그럴 수 없다. 포기하지 않고 노력한다면 전진과 퇴행을 지겹도록 반복하며 서서히 나선형을 그리며 성장하는 것이다.

상담은 내담자의 긴 여정을 함께하는 것이다. 낙담해서 털썩

주저앉으면 다시 일어설 수 있도록 손 내밀어주고, 가는 그 길이 외롭지 않도록 반걸음 뒤에서 지켜보는 것이다. 그대가 이룬 사소한 변화들은 당연한 것이 아니며, 쉽게 변하지 않는 문제행동은 오랜 기간 당신이 최선을 다해 살아남은 흔적임을 알려 주는 것이다. 물은 99도까지 끓지 않기에 1도에서 99도까지 가는 긴 변화의 과정을 함께 버텨내야 한다. 힘들게 99도까지 왔다. 이제 곧 물은 끓어오를 것이다.

4장

영화와 사례로 만나는 상담심리

누군가의 마음,
모두의 상처

곰, 양, 때론 고양이

자극적이지 않으면서 휴먼애가 느껴지는
영화나 드라마는 황폐해진 마음의 연고이자
쌀쌀한 추위를 이기게 해 주는 양털 코트와 같다

짧지만 강력한 은유의 힘을 보여주는 장면이 있다. 2022년 넷플릭스 TOP 10순위 안에 들었던 인기 드라마 『이상한 변호사 우영우*』의 캐릭터 영우는 준호를 사랑하지만 자신의 특별함(자폐 스펙트럼 장애*) 때문에 이별을 통보한다. 그럼에도 불구하고 영우를 사랑하는 준호는 자신의 진심을 전달하기 위해 기막힌 은유로 고백한다.

"고양이는 가끔 집사를 외롭게 만들지만 그만큼이나 자주 행복하게 만들어요. 함께할 때 난 행복해요. 그러니까 우리 헤어지지 말아요."

우영우는 생애 첫 연애를 하면서 가슴 설레고 행복했다. 그러나 공감과 위로할 수 없는 자신 때문에 남자가 외롭고 결국 행복할 수 없을 거라는 생각에 이별을 통보한다. 하지만 자신을 '고양이'로, 본인은 고양이를 사랑하는 '집사'로 표현한 남자의 은유에 마음이 열린다. 그의 용기와 진심에 가슴이 일렁인 그녀는 '고양이'도 집사를 사랑하니 헤어지지 말자고 해맑게 웃는다.

은유(metaphor)는 사람의 마음을 묘하게 파고들며 설득하는 힘이 있다. 상담에서 적절한 은유의 사용은 저항감 없이 편안하게 깊은 통찰로 안내하며 성장을 위해 변화하고자 하는 욕구를 증진한다.

자극적이지 않으면서 휴먼애가 느껴지는 영화나 드라마는 황폐해진 마음의 연고이자 쌀쌀한 추위를 이기게 해주는 양털 코트와 같다. 보면서 잠시나마 삶의 무거움을 벗고 웃음을 즐길 수 있어서 좋다. 예전보다 마음 컬러가 어두워진 사람들의 마음에 밝음과 따스함이 좀 더 스며들었으면 좋겠다.

은유가 들려주는 통찰력

주말에도 자격증 준비와 쉼 없이 연수를 받는 맞벌이 여성이 번아웃이 되어 상담실을 찾았다. 그녀의 마음속 오래 살고 있던 서러움에 대해 들었다.

---

* 이상한 변호사 우영우: 2022년 6월 29일에서 8월 18일까지 16부작으로 상영된 ENA 수목 드라마

* 자폐 스펙트럼 장애(autism spectrum disorder): 사회적 의사소통과 사회적 상호작용에 지속적인 손상을 보이는 신경 발달 장애의 한 범주

내	엄마한테 '곰' 같은 가스나라는 말을 많이 들었어요.
상	○○씨에게 그 말은 어떻게 들렸어요?
내	난 머리가 나쁘고 둔하다, 무능하고 한심하다, 열등하다.
상	○○씨에게는 그렇게 해석되었군요. 구체적으로 어떨 때 그런 말을 들었나요?
내	초등학교 저학년 때 운동화 끈 맨다고 끙끙거리고 있으면 엄마가 그랬어요. '곰' 같다고.

진실은 없다. 내담자가 인지하는 주관적인 현실만 있을 뿐이다. 상대방의 자극(언행)에 대해 내담자가 어떻게 해석하고 있는지가 중요하다. 그 해석은 어디까지나 내담자가 선택하는 것이다.

상	그 말을 들을 때 ○○씨 마음은 어땠을까요?
내	내 나름대로 노력하고 있는데, 엄마는 구제 불능이고 한심하고 답이 없다고 보는 것 같았어요.
상	나는 노력하고 있는데 상대가 한심하게 본다고 느껴졌다면 참 억울했을 것 같아요. 엄마의 '곰' 같다는 말이 ○○씨에게 어떤 영향을 미쳤을지 궁금하네요.
내	난 '곰'이니까 머리가 나쁘고 센스가 부족해. 그래서 내 능력으로는 인정받지 못해. 난 내 모습 그대로 사랑받지 못해.

자극이나 상황에 대해 내담자가 어떻게 해석하는가에 따라 느껴지는 감정은 달라진다. 공감할 때 그 부분을 인지시켜주는 것은 효과적이다. 자극(정보)에 대해 내담자는 다양한 반응(행동)과 해석을 선택할 수 있다.

상　　있는 그대로의 모습으로 사랑받지 못한다는 생각이 들었다면 참 속상했을 것 같아요. 그래서 '곰'은 어떤 선택을 했나요?

내　　'곰'이 사랑받으려면 재주를 부려야 해요. 난 머리가 안 좋으니 남보다 더 열심히 해야 사랑받을 수 있어요. '곰'은 노력하는 사람이죠. 사람들은 '곰'을 별로 안 좋아해요. 외모만 보고 무서워할 수도 있죠. 사랑하기보다 신뢰하죠. 듬직하다고 생각할 거예요. '곰'을 도와주는 사람은 없어요. 전부 스스로 알아서 해야 해요.

내담자의 언어를 통해 자신과 타인(세상)에 대한 이미지와 비합리적 신념들을 확인해 보았다. 다음은 내담자의 자기와 타인에 대한 비합리적 신념이다.

① 나는 사랑스럽지 않다. 그래서 사람들은 나를 사랑하지 않을 것이다.

② 사람들에게 사랑받을 수 있는 방법은 유능함이다.

③ 나는 다른 사람보다 무능하므로 더 많은 노력을 해야 한다.

④ 이 세상에 나를 도와줄 존재는 아무도 없다. 모든 것을 혼자 힘으로 해내야 한다.

내담자의 신념에 대한 명료화와 관계 탐색을 위해 은유를 계속 활용하기로 했다.

> 상   이런 모습이 남들과 차별되는 ○○씨만의 개성일 수 있는데, 소리 없는 아우성을 치고 있는 것처럼 느껴지네요. 그럼 '곰'의 반대말은 뭘까요?

'여우'라고 예상했지만 내담자의 입에서는 의외의 동물이 나왔다.

> 내   '곰'의 반대말은 '양'이에요.
>
> 상   의외네요. '양'은 어떤 존재인가요?
>
> 내   '양'은 별다른 노력 안 해도 사람들이 다 좋아해요. 가만히 있어도 예뻐하죠. 힘들다고 징징거려도 애교로 봐요. 도와

주는 사람들이 있어서 난관도 무사통과하죠.

구체적인 누군가를 떠올리며 보고하고 있는 것이다. 대상을 확인하기 전에 감정을 좀 더 탐색해 보았다.

상　'곰'은 '양'을 바라보면 어떤 마음이 드나요?

내　음… 얌체 같다, 얄밉다.

주변에 '양' 같은 사람이 있느냐는 질문에 내담자는 특별히 하는 것 없어도 많은 관심과 사랑을 받고 있는 동생과 노력 없이 프리패스하는 A에 대해 이야기했다.

상　나는 죽어라 해서 겨우 얻는 것을 '양'은 별다른 노력을 안 해도 얻는다고 느껴진다면 '곰' 입장에서는 억울할 것 같아요.

내　항상 제가 무능하고 부족하니 더 노력해야 한다고 생각했는데, 상담을 하면 할수록 제가 사랑받고 싶었던 것 같아요. 억울하다고 생각해 본 적은 없었는데, 맞는 것 같아요.

상　공평하지 않고 부당하다고 느꼈으니까요. ○○씨가 왜 쉼 없이 공부했는지 알 것 같은데요. ○○씨는 어때요?

내   저도 알겠네요. 내가 무능하다고 생각했으니까 가만히 있
        으면 불안하고 사랑받고 싶으니까 쉬지 못했던 것 같아요.

상   상담실에 처음 찾아왔을 때 무기력과 우울감이 심했어요.
        수년간 주말도 없이 계속 달려서 한계치에 다다른 상태였
        던 것 같아요. 몸이 더는 이렇게 못 살겠다고 '파업'한 것
        같은데요.

내   하하. 파업… 맞아요. 그렇게 달렸으니 제 몸도 견디기 힘
        들었겠죠.

이제는 몸이 보내는 신호에 귀를 기울이고 스스로 만든 불안과
비합리적 신념을 내려놓고 주말이 있는 삶을 살겠노라고 선언했
다. 원가족*보다 훨씬 더 긴 시간 동안 함께할 남편이 고집을 소
신으로, 유별남을 열정으로 봐주는 행운에 대해 감사하며.

---

*   원가족(family of origin): 가족을 구조적인 측면에서 분류할 때 개인이 태어나서 자라
      온 가정, 혹은 입양되어 자라온 가족

이상한 변호사 우영우, 2022, ENA

고양이는 가끔씩 집사를 외롭게 만들지만,
그만큼이나 자주 행복하게 만들어요.
함께할 때 난 행복해요.
그러니까 우리 헤어지지 말아요.

– 드라마 『이상한 변호사 우영우』 중 준호의 대사

마담 푸르스트의 비밀정원, 실뱅 쇼메 감독, 2014

기억은 일종의 약국이나 실험실과 유사하다.
아무렇게나 내민 손에 어떨 때는 진정제가,
때론 독약이 잡히기도 한다.

— 영화 『마담 프루스트의 비밀정원』 중

어쩌면 낯설고 불쾌한

통찰은 어쩌면 낯설고 불쾌할 수 있지만
그 또한 나의 일부임을 인정하고
안아 줄 수 있는 용기가 필요하다

상담 전공자 대상의 영화치료 집단상담이었다. 그날의 영화는 『가족의 탄생*』이었고 가장 기억에 남는 장면에 관해 이야기를 나누고 있었다. 20대 후반의 심리치료사였다. 어떤 장면이 너무나 압도적이라 다른 내용은 전혀 기억나지 않는다고 하였다. 그녀를 압도시킨 장면은 20대 프리랜서 선경이 엄마 매자 가게에 갔다가 엄마의 애인 운식과 실랑이를 하다가 그를 밀쳤고, 매자와 운식이 서로 다정하게 눈빛을 교환하다가 나란히 선경을 함께 바라보는 장면이었다.

왜 그토록 압도적이었는지 질문을 했으나 잘 모르겠다고 했다. 여기서 그녀가 모른다고 한 것은 방어가 아니다. 감정이 올라오고 불편한 것은 무의식 수준이고 그 이유를 말로 하는 것은 의식 수준이다. 무의식은 5G 속도로 매우 빠르지만 의식은 2G라 속도 차이가 있다. 이 속도 차이는 촉진적인 질문을 통해 의식적인 수준으로 통찰하기 위해 기다려 줘야 한다.

상　　그 장면을 떠올리면 기분이 어떤가요?

내　　기분이 안 좋아요. 저 장면이 싫어요. 답답해요.

인상을 잔뜩 찌푸린 채 고개를 강하게 저었다. 알 수 없는 무언가가 그녀를 건드린 것이고 그 감정이 어디에서 왔는지를 함께 찾는 것은 꽤 의미 있는 과정이다. 시간이 조금 흘렀다.

내　　이제 알 것 같아요. 왜 그렇게 불편했는지 알겠어요.

상　　그러면 혹시 여기서 얘기해 주실 수 있을까요?

외동딸인 그녀는 청소년기에 사고로 아버지를 잃었다. 충격이 컸지만 엄마와 서로 의지하며 살았다. 엄마는 딸의 수저에 생선 살을 발라 줄 정도로 따뜻하고 다정한 분이었다. 그런데 엄마가 3개월 전에 재혼했고 온전히 그녀 차지였던 엄마의 옆자리는 계부의 자리가 되었다. 신혼인 두 사람이 서로를 바라보는 눈길은 애틋하고 다정하였다. 매자와 운식이 서로 다정하게 바라보다가

＊　가족의 탄생(2006): 김태용 감독. 가족의 의미에 대해 다양한 관점으로 생각해 볼 수 있는 영화

함께 선경을 바라보는 장면은 매일 아침 식사마다 그녀의 눈에 비친 모습이었던 것이다.

인상 깊은 장면이 던지는 메시지

여기서 주목할 부분은 그녀가 이 장면에 대해 불쾌한 감정을 느꼈다는 것이다. 필요 이상의 감정을 느낀다면 어떤 부분이 건드려진 것이고 그 무엇이 방아쇠를 당긴 것이다. 감정은 수수께끼의 해답을 가지고 있다.

상   엄마가 재혼한 것에 대해 어떤 마음이 드세요?

내   그동안 혼자 저 키운다고 고생하셨는데 이제는 행복하셨으면 좋겠어요. 좋은 분이 생겨서 다행이에요. 아직 젊고 예쁘시거든요. 저도 결혼을 준비하고 있고 멀리 떠나야 하는데 새 아빠가 계셔서 든든하고 안심되어요.

상   그러실 것 같아요. 그런데 좀 전에 장면에 대한 감정은 기분이 나쁘고 답답하다고 했는데 그건 왜일까요?

내   글쎄요. 왜 그런 기분을 느꼈을까요?

그녀 스스로 대답을 찾길 기다렸지만 힘들어했기에, 해석을 통해 내담자의 통찰을 돕고자 시도했다.

상　　우리 엄마 고생 많았고 외롭고 힘들었어. 난 결혼해서 곧 떠나. 엄마 혼자 남을 텐데 좋은 분 만났으니 얼마나 다행이야. 이런 생각은 다 머리가 하는 말처럼 들려요. 속에서는 나만 쭉 보던 엄마가 다른 사람 챙기는 걸 보면서 섭섭하고 속상하고 배신감도 들 것 같아요. 뭔가 잃어버린 것 같은 허한 마음도 들 것 같은데. 어떠세요?

내　　네… 맞아요. 머리로는 지금 상황을 다 이해하고 수용하는 것 같은데, 마음은 인정하고 싶지 않은 것 같아요. 어른스럽게 생각하고 엄마를 한 여자로서 이해하려고 하는데, 마음에서는 질투심과 배신감이 부글부글 끓어올라요. 이런 제 모습을 인정하기 싫었던 것 같아요.

상　　그랬군요. 지금 기분은 어떤가요?

내　　요즘 계속 답답하고 일이 도통 손에 안 잡혔는데 오늘 그 해답을 푼 것 같아요. 내가 이것밖에 안 되는 사람인가! 사실 좀 부끄럽기도 한데, 이 모습도 '나'니까 솔직하게 인정하고 받아들여야 할 것 같아요. 답답함이 한결 사라진 것 같아요.

두 뺨은 상기되었지만 새로운 통찰을 한 그녀의 얼굴은 아침이슬로 씻은 듯 말갛게 예뻤다. 무의식으로 꼭꼭 누르고 억압했으나 우연히 영화의 한 장면을 통해 자신을 만나게 되었다. 영화나 드라마는 수시로 몰랐던 마음의 스위치가 되어 우리에게 의미 있는 통찰을 제공해 준다.

감정의 위도에 나란히 서서

20대 청년과 진로에 대한 이야기를 나누고 있었다. 마치 머릿속에 불이 켜진 듯 동공이 커지면서 불쑥 말을 꺼냈다.

그의 말은 상담 초기에 보고한 내용과는 사뭇 달랐다.

내   아! 제가 왜 이 진로를 선택한 건지 알 것 같아요.

상   처음에는 ○○ 이유로 이 직업을 선택했다고 했는데, 지금 이야기한 내용과는 좀 다르네요.

불일치에 대해 반영하였고 내담자의 표정은 복잡해졌다. 잠시 침묵을 가진 뒤 질문했다.

상   지금 기분이 어떠세요?

내　　좀 씁쓸하네요.

상　　씁쓸하다는 건 어떤 의미일까요?

내　　대단한 사명 의식과 비전이 있어서 이 직업을 선택했다고
　　　믿었는데, 그런 이유로 이 직업을 선택했다는 게 좀….

깊은 한숨을 내쉬었다. '그가 살아온 서사 속에서 지금의 통찰
은 어떠한 영향을 미치고 있을까?' 판단을 잠시 내려놓고 그가
현재 느끼는 감정의 위도에 나란히 서서 공명하고 싶었다.

상　　제가 ○○씨 입장이라면 혼란스럽고 복잡할 것 같아요. 겨
　　　우 이런 시시한 이유로 선택했다는 것을 받아들이기도 쉽
　　　지 않을 것 같고, 상실감도 느껴질 것 같아요.

복합적인 감정들을 충분히 반영한 후, 처음 그가 직업을 선택한
이유와 지금 깨달은 내용을 비교하였다. 어떤 부분이 비슷하고
어떤 부분은 다른지 분석하였다.

내　　상담 초기에 선생님이 하신 말씀이 생각나요.

상　　그래요? 어떤 이야기인가요?

내　　무의식을 알게 되면 자유로워진다는 말. 그 말을 처음 들

---

*　　쇼생크 탈출(The Shawshank Redemption, 1995): 프랭크 다라본트 감독. 셀프리더십
　　과 인생의 가치에 대해 생각해 볼 수 있는 영화

었을 땐 뭔 말인가 싶었거든요. 이제 알 것 같아요. 무의식
을 깨닫게 되면 자유로워진다는 의미요. 지금 어떤 느낌이
냐면『쇼생크 탈출*』의 주인공이 감옥에서 탈출해서 자유
의 비를 맞는 그런 벅찬 심정이에요.

영화『쇼생크 탈출』에서 앤디가 21년간의 긴 탈옥 프로젝트를 성
공한 후 자유의 몸으로 비를 맞을 때의 행복함이라니! 이 경험
이 내담자에게 어떤 의미인지 명료하게 공유할 수 있어서 벅찬
감동이 느껴졌다.

마음의 창살에서 해방되기까지

통합의 중요성과 함께 우리의 기억이 수시로 왜곡되고 편집되고
있음을 잘 보여주는 영화가 있다.『마담 프루스트의 비밀정원*』에
서 심인성 실어증*에 걸린 폴은 우연히 프루스트 마담의 최면 치
료를 받게 된다. 치료 과정에서 잃어버린 기억의 퍼즐 조각들을
맞추어 간다. 아버지가 어머니에게 폭력을 휘두르는 끔찍한 기억
이 회상되면서 감당할 수 없는 고통에 힘들어한다. 다시 새롭게
찾게 된 기억을 통해 그 장면은 가정폭력이 아닌 프로레슬러 부
모의 연습 장면임을 깨닫게 된다. 그 이후 폴은 트라우마에서 벗

---

* 마담 프루스트의 비밀정원(Attila Marcel, 2014): 실뱅 쇼메 감독. 기억과 트라우마에 대
　해 생각해 볼 수 있는 영화
* 심인성 실어증: 신경학적 손상이 아닌 심리적 요인으로 발생하는 언어 장애

어나 말을 할 수 있게 되고 행복한 가정을 꾸리며 살아간다.

통찰(insight)은 직접적으로 이루어지는 명료하고 즉각적인 이해를 의미한다. 정신분석 치료에서는 '아하' 경험이라 불리는 섬광과 같은 인식이나 이해로 간주되는데 이러한 통찰을 통해서 사고와 행동과의 연결 관계, 또는 개인적인 사고방식과 감정의 형태가 지닌 보다 보편적인 측면들을 하나의 커다란 관점 안에서 바라볼 수 있게 된다.

통찰을 하게 되는 것은 어쩌면 낯설고 불쾌한 경험일 수 있다. 그렇지만 깨달음에서 멈추지 말고, 그 또한 나의 일부임을 인정하고 안아 주자. 그리고 그것을 어떻게 내 삶에서 녹여내고 활용할 것인가 진지하게 고민해 보자. 결국 사람을 변화시키는 것은 생각이 아닌 실천에 있다. 그동안 묶여 있던 마음의 창살 속에서 해방되어 자신을 사랑하는 참 자유인이 될 수 있을 것이다. 그날이 바로 자신의 진정한 독립기념일이 아니겠는가.

나, 너, 그리고 우리 관계

'가까이 오지 마. 너무 멀리 가지 마.'
우리는 친밀감과 갈등의 욕구 사이에서
늘 줄다리기하듯 살고 있다

드라마 『응답하라 1988*』를 본 후, 한 중년 집단원의 눈가에 눈물이 고여 있었다.

상 　　○○님, 어느 장면에서 감정 변화가 왔는지 궁금하네요.

내 　　권위적이었던 과거가 많이 후회되네요. 고등학생인 아들과 친하게 지내고 싶은데 마음과 다르게 관계가 많이 어색해요. 나도 덕선이 아버지처럼 저렇게 말하고 싶어요.

그가 선택한 대사는 가족을 위해 항상 희생하는 자기 마음을 몰라줘서 서럽다고 절규하는 둘째 딸 덕선의 생일에 케이크와 함께 마음을 전하는 장면이었다. 아버지 동일이 딸 덕선에게 진심을 다해 말한다.

"잘 몰라서 그래. 아빠도 태어날 때부터 아빠가 아니자네. 아빠도 아빠가 처음이니께. 그러니까 우리 딸이 좀 봐줘."

상   저렇게 말하고 싶은 이유가 있을 것 같아요.

내   지금은 아이를 인격체로 존중하고 용기를 내어 진심을 전해야 한다는 것을 알겠어요. 그런데 왜 옛날에는 아이에게 상처 주는 말만 했을까요. 속으론 미안해도 아닌 척 숨기고 화내고… 아! 지금 아는 걸 그때 알았더라면…

그렇다. 왜 우리는 항상 시간이 지나서 아는 걸까? 내담자들이 선택한 방법이 그 순간에 할 수 있었던 최선이었음을 안다. 잘못이니 바꾸는 것이 아니고 지금까지의 방식이 별 효과가 없었으니 새로운 방법을 적용해 보자고 제안한다. 이미 떠난 버스를 보면서 손 흔드는 것은 팔만 아프다. 새로운 버스를 잘 갈아타는 연습이 필요하다.

갈등을 대하는 또 다른 관점

한 대학원생의 인생 드라마 중 한 장면이었다. 『청춘기록*』의 캐릭

---

*   응답하라 1988: 2015년 11월 06일부터 2016년 1월 16일까지 20부작으로 상영된 tvN 금토 드라마

터 정하는 가정불화가 심했던 환경에서 자란 탓에 애초에 연애를 포기했다. 누군가를 좋아하고 싶은 열망은 연예인 덕질로 해소했다. 그런 그녀도 찐 연애를 하면서 쌍팔년도식 사랑을 한다.

상	많은 드라마 중 『청춘기록』이 왜 인생 드라마인가요?
내	갈등에 대해 많이 생각하게 한 드라마여서요.
상	좀 더 자세히 설명해 주실 수 있나요?
내	정하 부모는 매일 싸우다 서로 증오하며 헤어졌고, 혜준 가족도 매일 싸워요. 그런데 이 가족은 신기한 게 지긋지긋하게 싸우는데 금방 화해하고 서로 엄청 위하고 아끼더라고요. 그걸 보면서 갈등이 무조건 나쁜 건 아닌가? 하는 생각이 들었어요.

내담자는 드라마의 캐릭터 혜준과 정하가 보여주는 긍정적 모델링과 부정적 모델링을 비교하면서 갈등에 대처하는 방식을 배우고 있었다. 내담자가 인상깊었다고 선정한 장면이다.

"넌 왜 나한테 화를 안 내? 같이 있어 주지 않냐고 짜증 안내?"하고 혜준이 묻자, 정하는 "우리 부모님처럼 살기 싫어서 짜증 내고 화내고 싸울 거면 왜 살아? 왜 만나?"라고 되묻는다. 이때 혜준이 갈등이 필요한 이유를 말해준다.

* 청춘기록: 2020년 9월 7일에서 10월 27일까지 16부작으로 상영된 tvN 월화 드라마

"우리 집은 맨날 싸우고 짜증 내고 화내면서도 살아. 네가 너무 갈등을 두려워하는 것 아니야? 갈등이 꼭 나쁜 건 아니야. 서로에 대해 좀 더 이해할 수 있는 계기가 되기도 해."

상   혜준 가족을 보면서 갈등에 대해 새롭게 생각하게 된 계기가 되었네요.

내   네. 정하 집처럼 우리 부모님도 늘 싸웠어요. 그걸 보면서 나도 정하처럼 저렇게 싸우며 안 살 거다. 행복하려고 사는 데 저럴 거면 왜 살지 싶었어요. 그래서 최대한 갈등 만들지 말고 살자. 짜증 내고 화내고 싸우느니 안 만나는 게 낫다고.

비디오로 문제 해결 기술을 배우는 상징적 모델링*은 사회적 기술 향상과 외현적인 문제행동 감소에 효과적이다. 특히 모델이 자신과 비슷하다고 인식할 때 모델링이 더 효과적으로 나타난다.

상   늘 싸우는 부모님을 보면서 갈등은 나쁜 것이라고 인식했을 것 같아요. 어쩌면 혜준이 정하에게 네가 갈등을 너무 두려워하는 것 아니냐는 말이 본인에게 하는 말처럼 들렸을 수도 있겠네요.

---

*   상징적 모델링: 오디오나 비디오에 녹화되어 있는 실제 모델이나 상징적 모델을 보여줌으로써 문제 해결에 필요한 단계와 특정 행동을 제시하는 것

내 네. 막연히 생각했었는데, 딱 찍어서 말하니 그런가? 내가 갈등을 무서워하나, 겁내고 있나? 그래서 예전 남자 친구들하고 관계가 그렇게 힘들었던 건가?

내담자는 자신의 신념과 과거 대인관계를 연결하고 있었다. 대인관계 패턴을 탐색할 필요가 있다.

상 갈등을 무서워하는 거랑 과거 연애랑 상관이 있군요.
내 지금 생각해 보면 연애도 아니었어요. 남자 친구가 날 쳐다보면 내가 뭐 잘못했나 주눅 들었어요. 그냥 다 맞췄어요. 날 싫어할까 봐 어떨 땐 내 잘못이 아닌데도 미안하다고 했어요. 그러다 더 이상 못 해 먹겠다 싶어서 헤어졌어요. 그러고 나면 나 자신이 너무 작고 초라하게 느껴졌어요. 왜 정하가 덕질만 하며 진짜 관계를 맺지 않으려 하는지 그 마음을 알겠더라고요.

내담자는 갈등 상황에서 회피 기제*를 쓰고 있었다. 비합리적 신념으로 스스로를 가두고 관계의 악순환을 초래하고 있음을 알 수 있었다.

---

* 회피 기제(escape mechanism): 받아들일 수 없는 현실, 고통, 위협 등을 거부하고 피하기 위해서 사용하는 방어 기제의 일종

상 힘든 과정을 반복하면서 거리 두기를 하고 싶었군요. 어쩌면 ○○씨 입장에서는 감정이나 의사를 표현하는 것이 위험하다고 느껴졌을 것 같아요. 부모님의 표현방식은 상처를 주고받는 방식이었으니까. 또 표현하고 싶어도 어떻게 해야 할지 몰랐을 것 같아요. 수시로 서운하고 화나는 것은 자연스러운 건데 건강하게 표현하는 것을 본 적도 배운 적도 없으니까요.

내 맞아요. 좁은 집안에서 부모님이 매일 싸우니까 눈치 보기 바빴고, 하고 싶은 말이 있어도 아예 못하고 살았고. 또 부부싸움하고 나면 그 화살이 나한테 왔으니까…. 크면서 상처 많이 받았어요.

어린아이가 감내했어야 할 상처와 벅찼던 슬픔을 충분히 애도하고, 그때 생겨난 생각이 자신의 현재 인간관계에 어떻게 영향을 주고 있는지 이해하는 시간을 가졌다.

상 속마음을 거침없이 표현하는 혜준 가족이 좀 거칠기는 해도 그런 과정을 통해 서로를 더 잘 이해하고 사랑도 깊어지는 것 같았어요.

내 네. 갈등은 무조건 나쁘니까 피해야 한다고 생각했는데,

혜준 가족을 보면서 꼭 그런 게 아닐 수 있겠다. 오히려 몰랐던 속마음을 알 수 있겠다… 혜준이 내게 하는 말 같았어요. 갈등이 나쁜 게 아니다. 어쩌면 저게 진짜 가족이고, 사람 사는 거다. 아! 새로 알게 된 친구 A를 통해서도 많이 배워요. 이 친구는 자기 속마음을 이야기하는 데 전혀 공격적이지도 않고 감정적이지도 않아요. 덤덤하고 담백하게 표현해요. 불만을 저렇게 표현할 수 있는지 놀라웠어요.

그녀는 모델을 관찰함으로써 새로운 행동 패턴을 학습하고 있었다. 이미 배웠던 행동이 감소되거나 새로운 행동이 강화될 수 있다. 이제 구체적으로 모델링 과정을 적용하기로 했다.

상   속상하고 서운한 마음을 표현하는 게 힘들 수도 있지만, 그 친구처럼 감정은 덜어내고 정보 전달의 관점에서 상대에게 정확한 정보를 전해 준다고 생각하면 어떨까요?

내   감정 아닌 정보 전달의 관점? 하긴 말 안 하면 상대는 내 마음을 모르니까 계속 같은 상황이 반복되고, 해결되지 않으니까 감정이 계속 쌓여서 어느 순간 터지고. 말을 안 하면 계속 악순환이겠네요.

상담 목표를 '의견이 다를 때 무조건 맞추지 말고, 주 1회 이상 내 의견을 전달하기'로 정했다. 먼저 대상은 부담이 가장 낮은 편한 친구 A에게 실행하기로 했다. 실행이 쉽도록 4단계로 나누었다. 또 생활 장면에서 자주 부딪히는 갈등 상황에서 어떻게 다르게 반응할지 '브레인스토밍'을 하고 대처 목록을 만들었다. 또 드라마 대사 중 따라 하고 싶은 몇 가지를 벤치마킹했다. 목표 행동을 반복해서 시뮬레이션하고 매주 행동 과제로 실천하며 함께 그 경험을 나누며 다듬어 갔다.

정하가 혜준을 만나 껍질을 벗고 밖으로 나온 것처럼, 정하를 닮은 그녀도 매주 변화하는 자기 모습에 기뻐했다가 때로는 안타까워하며 자신이 주인공이 되는 드라마를 써 내려가는 중이다. 다음은 상담기법의 하나인 모델링 과정이다.

모델링 과정

① 바람직하지 않은 행동을 대처할 '목표 행동'을 정한다.
② 복잡한 목표 행동을 쉽고 작은 단계로 나누어 시연한다.
③ 목표 행동 시연 후 함께 그 행동에 대해 논의한다.
④ 목표 행동을 연습(가능한 한 짧고, 자주)한다.
⑤ 상담실 밖에서 목표 행동을 하도록 회기 간 과제로 제출한다.

혼자는 외롭고 함께는 두렵다

모델링(modelling)은 타인의 행동을 관찰함으로써 학습이 이루어지는 것으로, 경제적이고 시행착오를 줄여 시간을 절약할 수 있는 효과적인 학습 방법이다. 모델링의 유형 중에 살아 있는 모델은 내담자가 적절한 행동을 하도록 가르칠 수 있으며, 내담자의 태도와 가치에 영향을 주고 사회기술을 가르칠 수 있다. 상담 기간 동안에는 자기 개방, 모험의 수행, 개방성, 정직, 열정 그리고 사랑을 가르칠 수 있다.

그동안 만났던 많은 내담자들도 그랬다. 감정을 건강하게 표현하는 법을 배우지 못했고, 감정을 건강하게 표현하지 못하는 어른들 때문에 상처받았다. 그래서 부모와 비슷하거나 아예 다른 방식으로 표출했다. 악다구니 대신에 우아하게 참거나, 고구마처럼 답답한 부모와 달리 최고의 방어는 공격이라며 싸움닭이 되거나, 직면하는 게 부담스러워 술, 활동, 취미, 일중독으로 도망쳤다. 그 방식은 또 다른 공허감과 생채기를 만들어 자신에게 되돌아왔다. 내담자들이 보여주는 문제는 하늘의 별처럼 다양했지만, 감정표현에서는 모두 비슷한 출발선에 서 있었다. '감정표현, 그거 나쁜 거야', '의사 표현, 그거 위험한 거야' 같은 비슷한 생각을 하고 있었다.

'가까이 오지 마. 너무 멀리 가지 마.'

MZ세대 싱어송라이터 김효진과 김푸름이 편곡한 「바람의 노
래」 중간에 들어간 자작곡 가사다. 혼자 있으면 외롭고, 함께 있
으면 상처받는 것이 두려운, 현시대를 살고 있는 청춘의 마음을
잘 대변해 주고 있다. 친밀감과 갈등의 욕구 사이에서 늘 줄다리
기하듯 살고 있는, 내가 만나는 많은 젊은 내담자들도 비슷한 호
소를 했다.

자녀가 부모의 말보다 뒷모습을 보고 성장하는 것처럼 내담자
도 상담자의 말보다 진심 어린 애정과 상담자의 인품으로 변화
한다. 특히 미성숙한 부모의 말과 행동에 상처받은 아동과 청소
년 상담에서는 부모의 역기능적 양육 태도와는 정반대의 태도
를 보여줘야 한다. 막연한 말 한마디 조언 대신 한 인격으로서
존중하며 선택권을 제공하는 상담자의 태도에서 내담자의 자존
감은 증진될 수 있다. 적절한 '나, 너 그리고 우리 관계'의 황금비
율을 잘 맞추어 가면서. 🎬

내가 행복하지 않을 때

내가 행복하지 않을 때 누군가를
사랑하기란 어려운 일이다.
그 대상이 나의 분신 같은 자녀일지라도

나의 첫 내담자는 소녀였다. 오랫동안 가출했고 인근 지역 다방에서 일하는 것을 부모가 데려왔다. 입을 열지 않았기에 아무도 몰랐다. 왜 집을 나갔고 어쩌다 거기서 일하게 되었는지, 무엇이 불만이며 학교는 왜 안 가는지.

답답하고 불안한 부모는 억지로 상담실로 끌고 왔다. 퉁퉁 부은 얼굴로 고개를 숙인 소녀와 라포* 형성을 위해 여러 질문과 피드백을 하였지만 어떠한 메아리도 없었다. 질문을 멈추고 가만히 있었다. 조용히 지금 소녀가 어떤 마음일지 그려 보았다. 그리고 조심스럽게 말했다.

"선생님이 ○○라면 컴컴한 터널 속에 혼자 서있는 느낌일 것 같아. 출구도 없고 끝도 안 보이는 터널 속에 갇혀 있는 느낌일 것 같아."

　상담이 시작되고 40분 만에 소녀는 처음으로 고개를 들어 내 눈을 뚫어지게 보았다. 마치 꽁꽁 숨겨진 자기 마음을 어떻게 아는 건지 놀랍고 그래서 반갑다는 눈빛으로. 그 눈 마주침을 계기로 라포가 형성되었고 3개월 동안 상담하면서 소녀는 조금씩 본연의 밝고 행복한 모습으로 변해갔다. 스무 해도 더 지났건만 출장 가던 날 아침 일찍 전화 온 소녀의 목소리는 아직도 생생하다.

　"선생님. 저 오늘부터 다시 학교에 가요. 그동안 정말 고마웠습니다."

　뭐든 처음은 특별한 것 같다. 나의 첫 내담자는 어디서 어떤 모습으로 살고 있을까? 이제는 소녀를 키우는 엄마가 되었을 텐데 자기 인생의 멋진 주인공으로서 살고 있으리라 믿는다.

자신의 심장 소리가 들리는 소녀

매 순간 미소가 떠나지 않는 소녀가 있었다. 항상 웃는 얼굴이었지만 수년간 잠을 제대로 자지 못했다. 밤마다 요동치는 자신의 심장 소리 때문에 못 잔다고 했다. 여러 질문을 통해 원인을 찾았으나 드러나는 인과관계는 없었다.

＊　라포(rapport): 상담이나 교육을 위한 전제로 신뢰와 친근감으로 이루어진 인간관계. 상담 특성상 상호협조가 중요한데 라포는 이를 충족시켜주는 동인(動因)이 됨

내담자의 말속에 빠져 있는 부분을 확인하기 위해 하나씩 퍼즐 조각을 맞춰 보았다. 가족과 함께 사는 집에서 늦은 밤 심장이 요동친다? 심장 소리가 들릴 리가 없겠지만 그렇게 느낄 정도라면 내담자가 숨죽여서 조마조마한 심정으로 무엇인가에 귀 기울인다는 것일 텐데, 그렇다면 그런 행동을 하는 이유는 도대체 뭘까? 가장 유력한 후보는 가정불화일 것이다. 조심스럽게 부모님에 관해 질문했다.

상   혹시 이 시기에 부모님이 부부싸움을 많이 했어요?
내   네. 맞아요.
상   어떤 문제로 많이 다투신 건지 물어봐도 될까요?

부부싸움의 소재는 막내며느리임에도 불구하고 수년간 독박으로 시어머니의 병시중을 한 어머니의 억울함과 힘듦이었다.

상   부부싸움은 언제까지 진행되었어요?
내   ○월까지요.

○월이라면 소녀가 잠을 좀 잘 수 있게 된 시기다!

상   그때는 어떤 일이 있었어요?

내   친할머니가 돌아가셨어요.

병간호가 종료되면서 부부싸움도 종식되었던 것이다.

다음 상담 회기 때 소녀에게 물었다.

상   ○○은 정말 인사성이 밝은 것 같아요. 언제나 웃고 있네요.
           부모님 중에 ○○처럼 친절하고 상냥한 사람이 있어요?

내   전 엄마 성격을 많이 닮았어요.

상   그렇구나! 엄마 성격은 어때요?

내   많이 무뚝뚝하세요.

무뚝뚝한 어머니를 닮았다는데 소녀에게 관찰되는 모습은 전혀
다른 불일치를 보이고 있다.

상   다른 식구들은?

내   아빠도 오빠도 모두 다 무뚝뚝해요.

가족들이 모두 무뚝뚝하고 내향적인 성격의 소녀가 친절하고 상
냥한 태도를 취할 수밖에 없는 데는 이유가 있을 것이다. 그 이

유를 찾아보기로 했다.

| 상 | 스스로 공부도 알아서 하고 자기소개서까지 준비하는 ○○ 에게 칭찬 많이 받았을 것 같은데, 엄마 반응은 어땠어요? |
| 내 | 별 얘기 없으세요. 성적이 올라갔다, 상을 받았다고 해도 그냥 묵묵히 듣기만 하세요. |

어머니는 장기간 시어머니 병간호에 지쳐가고 아버지는 이러지도 저러지도 못해서 무기력을 느끼고 오빠는 자신만의 세상에서 문을 닫고 살았다. 가족 해체의 위기를 느낀 소녀가 할 수 있는 선택은 과연 무엇이었을까? 내담자는 자신이 할 수 있는 모든 것을 더 열심히 하는 것을 선택했다.

'공부를 좀 더 잘하면 성적이 좀 더 오르면 엄마가 기뻐하겠지, 상을 타가면 엄마가 웃겠지, 애교를 떨면 엄마 마음이 풀리겠지.'

그런 애씀이 얼마나 고된 일이었을까! 살얼음판을 걷는 것처럼 늘 조마조마했을 것이고 그 불안함에 매 순간 부모의 반응과 부부싸움에 귀 기울일 수밖에 없었던 것이다.

우리는 애쓰고 불안할 수밖에 없었던 그 마음과 그 힘들었던 시간들을 애도했다. 그리고 알려 줬다. 나도 부모가 되기 전에는 몰랐던 비밀을.

"세상의 모든 부모는 자식을 사랑해요. 그런데 부모 자신이 너무 당연하니까 자녀들도 안다고 착각하고 표현하는 것을 잊어버리죠. 게다가 부모들의 사랑 표현은 많이 서투르고 내가 원하는 방식이 아니라는 것이 안타깝지요. 가끔은 충분하지 않다고 느껴지고요."

내가 행복하지 않을 때 누군가를 사랑하기란 어려운 일이다. 그 대상이 나의 분신 같은 자녀일지라도. 다행인 것은 이제 소녀의 엄마가 마음의 여유를 찾았다는 것이다. 과거의 엄마와 현재의 엄마는 다른 사람이기에 새로운 관계가 형성될 수 있으리라 믿는다.

미묘한 관계의 불편함

건강한 자기주장은 타인의 권리를 침해하지 않고
불쾌하지 않은 범위에서 자신의 욕구와
생각, 감정을 솔직하게 표현하는 것이다

오랜 세월 상담하면서 상처받은 이들을 많이 만났다. 사람이 무섭
고 역겹고 지겨워서 뾰족해진 사람들. 상담자를 자신이 경험한 사
람들과 똑같은 시선으로 본다면 상담이 이루어지기 힘들다. 그렇기
에 상담 초반 가장 힘써야 할 부분은 상담자와 함께하는 작업인 상
담에 대한 생각을 변화시켜 내담자의 마음을 열도록 돕는 것이다.

'목적이 없어도 날 진심으로 걱정하고 이해하고 받아 주는 사
람이 다 있네.'

'사람이 그렇게 위험한 것이 아니구나!'

'어쩌면 내가 여기서 치유되고 변화될 수 있을지도 몰라.'

혹시나 하는 기대가 마음에 싹을 틔우면서 진짜 상담이 시작
된다.

주변이 온통 지뢰밭?

내담자는 마음속에 있는 것을 시원하게 표현 못 하는 자신이 싫고 거침없이 주장하고 싶다고 했다. 하지만 막상 사무실에서 자기 생각과 감정을 적극적으로 표현하는 K 씨에 대해서는 불편하다고 호소하였다.

내   사소한 것도 못 참아서 화내고 감정을 자유롭게 막 표현하는 K 같은 사람을 보면 불안불안해요.

상   구체적으로 어떻게 불안한가요?

내   저렇게 생각 없이 말하다가 그 말에 상사가 열받을 수도 있고 사무실 분위기도 나빠질 수 있으니까 조마조마해요.

상   아! 언제 터질지 모르는 수류탄 같은가 보다.

내   맞아요. 솔직히 사람들이 다 수류탄 같아요. 제 주변은 온통 지뢰밭이고요. 조금만 긴장을 풀면 죽을지 몰라요.

옆에 있는 사람들을 언제 터질지 모르는 수류탄이고 자신을 둘러싼 주변 세상을 지뢰밭으로 인식하고 있다면 그가 지각하는 세상은 전쟁터다. 전시 상황에서 끝없이 주변을 살펴야 하고 경계를 잠시도 늦추면 안 되는, 날 선 상황의 연속인 것이다.

상   ○○씨에게 세상 사람은 두 부류인 것 같아요. 직접적인 해를 끼치는 사람과 잠재적으로 해를 끼칠 것 같은 위험한 사람. 그렇게 느껴진다면 ○○씨 마음속 생각과 감정을 표현하기도 힘들고 용기내어 표현하더라도 당연히 상대가 못 받아들일 거라는 생각이 들겠네요.

내담자가 왜 그토록 자기 생각과 감정을 표현하기 힘들었는지 비로소 이해가 되었다. 그가 경험한 사람들은 자신의 욕망 충족을 위해 남의 불행을 이용하는 존재였다. 그렇지만 마음 한 켠에는 따뜻하게 등을 쓸어주며 위로해 줄 누군가가 있을 거고, 그래서 이 세상은 살 만할 거라는 기대가 있었다.

  내담자는 제대로 속마음을 표현하고 싶다는 욕구와 바람이 강했기에 자기주장 훈련을 하기로 했다. 어떤 상황에서 의사를 정확히 표현할 수 있도록 행동 목록을 만들고, 타인의 감정이나 권리에 대해 민감하게 반응하는 방식으로 자기주장 훈련을 시작했다. 훈련 과정은 총 6단계로 진행한다. 첫째 자기주장에 대한 설명, 둘째 목표 설정, 셋째 행동 과제 부여, 넷째 대화 연습 실시, 다섯째 거절하기와 요청하기 연습, 여섯째 역할연기로 실습하기 등이다.

  한 주 동안 있었던 하나의 사례를 구체적으로 정하여 내담자가 어떻게 지각하고 반응했는지 다시 그 상황이 된다면 어떻게 반응하고 싶은지 탐색했다. 그 당시에 표현을 가로막았던 두려움의 정체와 밑마음과 욕구가 무엇인지를 확인하고 정말 하고 싶었던 이야기를 종이에 적고 내용을 읽어가며 함께 수정해 나갔다. 수정된 내용을 외우고 리허설도 했다. 실천력이 뛰어난 내담자는 자기 내면의 두려움을 극복하며 매일 1도씩 조금씩 방향을 틀면서 나아갔다.

감정을 솔직하게 표현하는 것

감동적인 자기주장을 보여주는 한 영화가 있다. 《세 얼간이*》에서 캐릭터 파르한은 소심남이었다. 그의 아버지는 아들의 출생과 동시에 직업을 엔지니어로 정했다. 파르한은 인도 최고의 공과대학을 다녔지만 자신의 꿈은 사진작가였기에 그 간극에 힘들어한다. 존경하던 사진작가의 조수가 될 기회까지 얻었으나 아버지가 절대 허락하지 않을 거라고 지레 꿈을 포기한다.

사진을 사랑하면서 기계랑 결혼하려는 친구가 안타까웠던 란초는 후회하지 않을 인생을 위해 한 번만 용기를 내어 아버지에게 마음을 보여 주라고 설득한다. 용기를 얻은 파르한은 난생처음 아버지에게 자신은 엔지니어가 아닌 사진작가가 되고 싶다고

---

*   세 얼간이(3 Idiots, 2009): 라지쿠마르 히라니 감독. 우정과 진로에 대해 생각해 볼 수 있는 영화

말하자 아버지가 반문한다.

"이 정글에서 돈이나 벌겠냐?"

사진작가 직업이 안정적인 수입이 없을 거라 걱정한 것이다. 대기업에 다니면서 부유하고 편한 삶을 살기 바랐던 그에게는 아들의 선택을 신뢰할 수 없는 상황이다.

"보수는 적어도 많은 것을 배울 거예요."

파르한은 자신의 욕구와 직업 가치는 좋아하는 것에 대한 경험과 학습이라고 주장한다.

"한 5년 뒤에 네 친구들이 좋은 차에 큰 집을 가진 걸 보면 너 자신을 저주할 거다. 까푸르 씨는 아들이 ICE에서 공부하더니 복이 많네요, 라고 했는데 지금은 뭐라고 하겠냐?"

아버지는 아들의 선택이 일시적이고 충동적인 것으로 추측하고 현실을 고려한 신중한 선택을 하길 원하고 있다.

"그분이 제 방에 에어컨 놔 주신 건 아니잖아요. 저 편하게 자라고 더위를 참으며 주무신 게 까푸르 씨가 아니잖아요. 절 목말 태우고 동물원 구경시켜 준 것도 그분이 아니라고요. 다 아버지가 하신 거죠. 아버지가 어떻게 생각하느냐가 중요하지, 까푸르 씨는 상관없다고요."

파르한은 아버지를 자식을 사랑하고 희생한 부모로 인정하면서 이해받고 싶은 자신의 마음을 솔직하게 표현하고 있다. 건강한 자기주장은 타인의 권리를 침해하지 않고 불쾌하지 않은 범위에서 자신의 욕구, 생각, 감정을 솔직하게 표현하는 것이다.

"제가 사진작가가 된다고 무슨 일 생기겠어요? 돈은 덜 벌겠죠. 집도 더 작고 차도 더 작겠죠. 하지만 저는 행복할 거예요. 정말 행복할 거예요. 다 제 진심 어린 마음에서 나온 말이에요. 지금까지 아버지 말씀 잘 듣는 아들이었잖아요. 한 번만 제 마음이 원하는 대로 하면 안 될까요? 제발요."

파르한은 아들을 염려하는 아버지의 걱정을 수용하고 행복한 인생을 위해 '사진작가'가 되기를 간절하게 원하고 있음을 알리며, 자신의 선택을 수용해 줄 것을 간곡하게 부탁하고 있다.

"네가 원하는 삶을 살아라."

아들의 진심을 알게 된 아버지는 드디어 자신의 가치와 꿈을 내려놓고 아들의 욕구와 가치를 받아들인다.

관계를 잘 맺는 것

자기주장 훈련은 분노나 적개심을 표현하지 못하거나 거절을 잘 못 하고 너무 겸손하여 다른 사람에게 종종 이용당하는 사람들에게 효과적이다. 사람들은 누구나 자신의 감정, 생각, 신념, 태도를 표현할 권리가 있다는 것을 기본으로 가정한다.

과거에 하지 않았던 자기주장을 하기 시작하면 초기에는 대부분 공격적이다. 연습이 되지 않아서 자기 생각과 감정을 미성숙하거나 공격적으로 표현하기 때문에 상대방도 갑자기 폭탄 맞은 느낌이다. 초기에는 갈등이 생길 수 있지만 걱정하지 않아도 된다. 유연하게 하는 습관이 되어 있지 않아서 그렇지, 연습하다 보면 점점 개선할 수 있다.

파르한처럼 많은 사람이 자기주장을 잘하지 못한다. 겨우 용기 내어서 한두 번 마음을 표현한 후 상대가 부정적으로 나오면 아예 시도조차 하지 않거나, 굳이 말하지 않아도 상대방이 알 거라고 생각하고 정확한 정보 전달을 누락하거나, 막연히 상대가 허락하지 않을 거라고 포기한 채 상대를 미워하거나, 정확한 정보 전달 과정은 생략하고 감정적으로 대처한다.

지난 2017년 '한국영상영화치료학회, 감독과의 대담' 진행자로 윤가은 감독을 만났을 때 영화『우리들*』중 명장면의 탄생 뒷이야기를 들었다. 지금 보아도 관계의 본질을 말해주는 명대사다. 우연히 아이들 대화를 듣고 감동받아서 시나리오에 꼭 쓰리라 결심했단다.

덩치가 작은 꼬마 윤은 친구 연우한테 놀다가 괴롭힘을 당해서 얼굴에 멍이 들었다. 이런 동생의 모습을 본 누나 선이 속상해서 말한다.

---

*   우리들(2017): 윤가은 감독. 초기 사춘기 발달 과정에 있는 초등학생들의 관계역동을
      잘 그린 영화

"야! 너 바보야. 그러고 놀면 어떡해?"

"그럼 어떡해?"

"다시 때렸어야지? 걔가 다시 때렸다며. 너도 다시 때렸어야지."

"그럼 언제 놀아? 연우가 때리고 나도 때리고 연우가 때리고…. 그럼 언제 놀아? 난 그냥 놀고 싶은데."

결국 관계 잘 맺는 것이 중요하지, 자존심이나 이기고 지는 것이 뭐 중요하냐고. 계산기 두드리고 있기에 인생은 그리 길지 않으니 어떤 태도로 임할 것인지 잘 선택하라는 지혜를 배운다.

청춘기록, 2020, tvN

갈등이 꼭 나쁜 건 아니야.
서로에 대해 좀 더 이해할 수 있는
계기가 되기도 해.

— 드라마 『청춘기록』 중 혜준의 대사

세 얼간이, 라지쿠마르 히라니 감독, 2011

그날 난 깨달았어. 이 마음은
쉽게 겁을 먹는다는 걸.
그래서 속여 줄 필요가 있어.
큰 문제가 생기면 가슴에 대고 얘기하는 거야.
All is well.

— 영화 『세 얼간이』 중 란초의 대사

인사이드 아웃, 피트 닥터 감독, 2015

울음은 날 진정시켜 주고
삶 속 고민의 무게에
온 신경을 집중할 수 있게 해 줘.

— 영화 『인사이드 아웃』 중 슬픔이의 대사

감정에 정답이 있을까?

감정에는 선과 악이 없으며,
많은 감정이 서로 공존할 수 있다.
슬픔이 주는 위로를 편안한 마음으로 받아들여도 좋다

상담실을 방문하는 대부분의 내담자는 자신의 마음과 행동의
원인을 찾고 안정을 취하고 싶어 한다. 그런데 때로는 이미 원인
을 알고 있다며, 자신의 생각이 맞는지 확인하고 싶어 하기도 한
다. 중년 여성 내담자는 사람들 앞에서 자신의 의견이나 생각을
말하지 못하는 이유가 어머니 때문이라는 것을 오랜 기간 상담
을 받아서 알고 있다고 했다. 어머니에 대한 내담자의 핵심 감정
에 관해 물었다.

내   저는 엄마에 대한 제 핵심 감정이 뭔지 알아요.

상   뭔지 궁금하네요.

내   무능력하고 술 마시기 좋아하는 아빠랑 사는 엄마가 항

상 불쌍하고 짠했어요. 나와 동생을 두고 도망가지 않을 까 항상 두려웠어요. 엄마 도망 못 가게 하려고 최대한 엄마 심기를 건드리지 않으려고 노력했죠. 엄마 속 썩이지 않도록 척척 알아서 하고, 하고 싶은 말이 있어도 꾹 참았어요. 제 의견이나 생각을 말하지 못하는 것도 이 때문이에요.

내용의 무게에 반해 표정 변화 없이 마치 책 읽듯이 말하고 있었다. 비언어에 대해 반영하였다.

상   오랫동안 상담을 해서 자신에 대한 이해가 깊고, 힘든 내용인데 덤덤하게 말씀하시네요.
내   이제 그 과정을 지나왔으니까요.

상담 장면에서 내담자는 누구보다 소신 있게 자기 의견을 분명하게 표현했기에 언행의 불일치에 대해 반영하였다.

상   사람들에게 의견이나 생각을 말하지 못한다고 했는데, 제가 느끼기에는 ○○씨는 좋고 싫음에 대해서나 본인의 생각과 철학에 대해 분명하게 표현하는 것 같은데요.

내   제가요? 하긴 다른 사람들도 저보고 대쪽 같다고 해요.

상   그런데도 본인은 자신의 의견과 생각을 말하지 못한다고
      느끼는군요. 왜 그럴까요?

내   다른 사람에게는 속마음을 좀 표현하는데, 이날 이때까지
      엄마한테는 아무 표현도 못 해요. 최근에 ○○ 일로 인해
      엄마를 무서워한다는 것을 깨달았어요. 세상에… 엄마가
      불쌍해서가 아니라 무서워서 표현을 못 했던 거예요. 이게
      진짜인 거죠.

내담자는 오랜 기간 상담을 통해 알게 된 자기 이해에 모순이 생
긴 것에 대해 격한 감정을 느끼고 있었다.

상   지금까지 엄마가 불쌍해서 속마음을 표현하지 못한 걸로
      알았는데, 그게 아니라 엄마가 무서워서였다는 걸 알게 되
      어서 마음이 복잡하고 혼란스러우실 것 같아요.

내   저 자신이 너무 가식적인 것 같아요. 선생님. 전 왜 이렇게
      가식적일까요? 솔직하지 못하고 위선적인 것 같아요.

어머니에 대한 감정에 새로운 정보가 추가된 것에 대해서 내담
자는 '어떠한 일에 대해 하나의 정답이 있다(A or B)'라는 비합리

적 신념을 갖고 있기에 자신을 가식적·모순적이라고 바라보고 있었다. 유연한 사고(A and B)를 할 수 있도록 인지재구성*을 하기로 했다.

> 상   감정을 무 자르듯이 자르긴 힘들죠. 나무, 쇠, 돌처럼 구분하기는 더더욱요. 자신에게 중요한 대상일수록 그 대상에 대한 감정은 다양하지 않을까요. 어머니에 대해 불쌍함도 있고 두려웠던 마음도 있고 또 무서웠던 마음도 있지 않았을까요?
>
> 내   한 가지 답이 아니라 여러 개가 있을 수 있다는 건가요?

그녀는 오랜 생각에 잠겼다. 이후 우리는 악순환을 도는 사고 패턴을 다루었다. 어떤 일이 생기면 단 하나의 정답만 찾으려고 하는 패턴, 어떤 일이 생기면 무조건 내 탓이라 여기는 패턴, 우연한 일도 내 잘못으로 귀인하는 패턴에 대해서. 그래서 점점 마음의 구멍이 커지고, 깊은 우울의 샘이 생기는 악순환의 고리를 끊기 위한 구체적인 방법에 대해 나누었다.

---

*   인지재구성(cognitive restructuring): 비합리적 사고를 재구성하여 자신의 진술을 수정하도록 하는 절차

늘 즐겁지 않아도 괜찮아

대학원 예술치료 수업에서 애니메이션 『인사이드 아웃』을 인생 영화로 선정한 집단원 J가 보고한 내용이다.

> **J** 영화 초반부에 슬픔이가 불편했어요. 슬픔이가 기억 볼을 만지면 기뻤던 기억이 슬펐던 기억으로 바뀌는 것을 걱정하는 기쁨이의 마음이 공감되었어요. 기쁨이가 원 밖으로 나오지 말라고 했는데, 말 안 듣고 말썽 피우는 슬픔이가 답답하고 짜증이 났어요.
>
> **상** 기쁨이에게 많이 동일시되었군요. 원을 그리고 슬픔이 그 안에서 못 나오게 하려고 했죠. 라일리의 행복을 위해 슬픔이를 원 안에 가두려는 마음이 이해되었을 것 같아요.

J는 '즐겁고 긍정적인 것은 좋은 것이고, 슬프고 부정적인 것은 나쁜 것이다'라는 비합리적 신념(당위적 사고)을 가지고 있었다.

> **J** 네. 그런데 슬픔이가 본부로 가는 길을 알고 있다는 장면에서 '아! 맞아. 우리가 기분이 우울할 때 더 현실적으로 문제를 해결할 수 있지'라는 생각이 들었고, 슬픔이에게

조금씩 마음이 열리기 시작했어요. 그리고 후반부로 가면서 '슬픔이 있어야 기쁨이도 있을 수 있다'라는 것을 느꼈어요.

상   슬픔이 있어야 기쁨도 있을 수 있다는 것은 구체적으로 어떤 의미인가요?

사고의 폭이 조금씩 확장되고 있음을 알 수 있었다.

J   나는 긍정만이 늘 옳다고 생각했는데, 그게 아닐 수 있겠다는 것. 내 감정에는 선과 악이 없으며, 많은 감정이 서로 공존할 수 있다, 슬퍼해도 괜찮아, 슬픔이 주는 위로를 좀 편안한 마음으로 받아들이고 싶어요.

상   감정에는 윤리가 없고 공존할 수 있다, 슬퍼도 괜찮아, 슬픔이 주는 위로를 받아들이고 싶다는 말이 진하게 와닿네요. 특히 늘 긍정적이지 않아도 된다는 말이 의미 있게 들려요.

내담자의 언어 반응을 요약하고 비합리적 신념의 변화를 반영하였다.

J   네. '나는 슬프면 안 돼. 우울해지거나 무기력해지면 안 돼. 늘 긍정적으로 생각하자'라고 생각하지만, 부정적인 감정을 무시하고 알아주지 않으니까 해소되지 않은 감정들이 남아 있었어요. 두 감정이 함께 존재한다는 것을 받아들이지 못했기 때문인 것 같아요. 늘 한 가지 감정으로 결정하려고 해서 혼란스럽고 힘들었어요.

상   기쁨이가 슬픔이의 손을 잡은 장면이 J의 중요한 터닝포인트가 된 것 같네요. J의 굳건한 생각으로 인해 힘들 수밖에 없었던 원인을 스스로 깨달은 것 같아요.

내담자는 자신의 비합리적 신념 '슬프면 안 돼. 늘 긍정적이어야 해'로 인해 부정적인 정서가 따라왔고 그 원인에 대해 깨달았다.

J   맞아요. 이게 내 인생의 방해물이고 걸림돌이라고 생각하고 떨쳐버리고 싶어요, 이것도 필요한 거고 나쁜 것은 아니고 서로 연결되어 있다는 것도 알아요, 그래서 슬픔을 긍정적으로 받아들이고 싶어요, 그런데 마음처럼 쉽지 않아요. 하지만 전 아직 젊고 지향점이 있으니깐 충분히 잘 헤쳐나갈 수 있다고 믿어요. 지금은 성장하는 과정이니까요.

결심했다는 듯 두 주먹을 꽉 쥐고 단호하게 말하는 J의 모습은 내가 본 그녀의 모습 중에서 가장 힘차고 지혜로워 보였다.

Plus Page

영화 『기생충』의 기택!
상담자를 만나다

심리 렌즈로 바라본 캐릭터 기택

내 안의 열등감을 해결하지 않고
쌓아둘 때 얼마나 치명적으로 위험한지
기택을 통해 체감할 수 있다

"아들아, 너는 계획이 있구나!"

모든 계획이 엉망이 된 후 기우는 아버지에게 묻는다.

"아버지. 이제 우리 어떻게 해요?"

"걱정하지 마, 내게 계획이 있으니까."

서식지를 잃어 난민이 된 후 기우가 또 묻는다.

"아버지. 계획이 뭐예요?"

"무계획이 계획이야. 언제 계획대로 되더냐. 계획을 세우면 실패하기 마련이니 계획을 세우지 않는 것이 가장 좋은 계획이야."

영화 『기생충*』의 캐릭터 기택은 가족을 먹여 살리기 위해 많은 시도를 했다. 치킨집, 발레파킹, 대만 대왕 카스텔라 등등. 사업을 할수록 재산은 탕진하고 집 평수는 작아지고 지대도 낮아

졌다. 박 사장 집에 과외 면접을 하러 가는 아들 기우에게 덕담
하라는 아내의 등쌀에 기택은 말한다.

"아들아, 너는 계획이 있구나!"

왜 '하고 많은 말' 중에 이 말을 했을까?

수많은 실패를 한 그가 잃어버린 계획이 아들에게는 있다는
것이 신기하고 경이로웠을 것이다. 학습된 무기력*상태인 기택은
계획을 세우는 아들 기우에게 '왕관(가장의 지위, 주도권)'을 넘겨주
고 아들 계획에 동조한다. 자녀가 범죄를 벌이는데 말리지 않고
오히려 서울대 위조학과에 갈 수 있겠다, 계획이 있음을 칭찬하
며 적극적으로 조장한다.

망해서 땅끝까지 내려온 스스로를 더 이상 믿을 수 없어 무기
력해진 그는 수석을 온종일 씻고 쓰다듬으며 자신의 소망을 실
현시켜 줄 신(神)으로 모신다. 가지고 있으면 온갖 재물복이 다
들어올 것이라 믿으며.

기택, 가면 우울증*이 의심되다

영화 엔딩에 뉴스 장면이 나온다.

"○○ 기사는 평소에 선하고 사람 좋은 사람이었다."

그렇다. 기택은 힘든 일상이지만 항상 웃고 있었고 모두에게

---

*   기생충(2019): 봉준호 감독. 가난과 행복의 의미에 대해 고찰하게 하는 영화
*   학습된 무기력(learned helplessness): 피할 수 없는 환경에 반복적으로 노출되어, 실제
    로 자신의 능력으로 극복할 수 있음에도 자포자기하는 것

친절했다. 하지만 과연 그의 내면도 그러했을까? 자신도 눈치채지 못한 우울증이 있지 않았을까? 통신 요금을 내지 못해서 전화가 끊기자 아내는 욕설을 하며 엉덩이를 발로 찬다. 모욕적인 언행에 화낼 만하나 기택은 무생물처럼 대꾸하지 않는다.

자신보다 한참 어린 박 사장이 이루어놓은 부(富)를 직면하면서 부러웠을 것이고, 그 부러움은 자신이 가족에게 주지 못하는 안락한 환경과 필요한 자원이기 때문일 것이다. 이 세상에 가장 좋은 것만 해 주고 싶은 가족에게 아무것도 해 줄 수 없는 가장은 얼마나 비참할까! 그것도 가족 모두 '비교 극과 극 체험'을 하고 있는 상황에서 느끼는 비참함은 최고조의 자격지심을 느끼게 했을 것이다. 스스로가 얼마나 대역죄인처럼 여겨졌을까.

박 사장 가족이 모두 집을 비우고 자기 집처럼 즐거운 시간을 보내고 있는 한때. 남매는 말한다.

"나중에 우리도 이런 집에서 살고 싶어요."

꿈조차도 꿀 수 없는 현실의 비참함에 기택은 답한다.

"지금 이 집에 우리가 있잖아. 그럼 우리 집인 거지."

호탕하게 웃지만 그의 웃음은 왠지 씁쓸하다.

"당신은 주인이 불을 켜면 주인 눈을 피해 어두운 곳으로 숨는 바퀴벌레 같을 거야."

참지 못하고, 아내의 멱살을 잡았다. 유일하게 화내는 순간이

---

*   가면 우울증(masked depression): 우울증 본래의 정신적 증상인 우울한 기분이나 정신 활동의 억제는 거의 알아채지 못하고 신체적인 증상만 강하게 자각되는 상태

었다. 밥 먹듯 억압하는 기택이었지만 그 말은 마지막 자존심을 건드렸기에 참기 힘들었을 것이다. 적어도 그 순간만이라도 "그런 말 하지 마라. 기분 나쁘다"라고 정색했어야 했다. 그렇게 조금이라도 속마음을 표출했더라면 극단적인 일을 저지르는 것을 막을 수 있었을 것이다. 그러나 기택은 가장 역할을 제대로 못했다는 죄책감에 3초도 버티지 못하고 웃음으로 넘겨 버린다.

기택 가족은 정상적인 삶을 살고 있었다. 가난이 비정상은 아니며 불행과 동의어는 아니다. 가난해서 불편했지만 어느 가족보다 끈끈하고 화목했다. 그러나 상류 주택에 입성하면서 그들은 부자의 삶과 비교하기 시작했고, 그 결과 일상이었던 가난은 비정상으로 변조된다. 가난이 불행을 만드는 범인으로 여겨져서 남의 것을 탐하고 경계를 넘게 된다.

결국 타인에게 향하는 분노

아내에게 주인이 오면 숨는 바퀴벌레 같다는 말을 들었는데, 그 말은 바로 현실이 된다. 자녀들과 함께 자신에 대한 험담(가난의 냄새가 난다)을 듣고 주인의 은밀한 행위가 끝날 때까지 수 시간을 벌서듯 참아야 했다.

조금이라도 포장하고 싶었던 가장의 권위는 갈기갈기 찢겼고,

비참히 무너졌다. 바닥까지 내려간 열등감은 실패밖에 없는 자신의 삶에 대해 꾹꾹 눌러왔던 분노로 박 사장에게 투사*된다. 기택은 박 사장을 가장 역할을 하는 동지로 여겼지만 박 사장은 결코 아니었음을 알게 된다. 엎친 데 덮친 격으로 홍수로 인해 기택 가족은 서식지를 잃을 위험에 처했다.

기택의 웃음기는 완전히 사라졌다. '냄새'는 기택의 콤플렉스가 되어서 박 사장 부부가 코를 막거나 찡그리는 행동에 자극받고, 박 사장의 아내 연교가 친구에게 "비가 많이 와서 아들의 생일 캠핑은 물 건너갔지만 덕분에 미세먼지도 걷히고 맑은 날씨를 얻게 되어서 전화위복이야"라는 말에 분노한다. 자신에겐 모든 것을 앗아간 폭우가 누군가에게는 미세먼지를 제거해 주는 상쾌한 반가움이 되는 불평등에 분노한다. 자신은 집도 물건도 잃었는데 풍요로운 일상을 누리고 있는 사람들과 잃은 이들의 상실감에 관심 없음에 폭발한다. 결국 기택의 열등감은 넘지 못할 선을 넘어 박 사장과 자신을 동시에 되돌릴 수 없는 파멸에 이르게 했다.

유명한 정신의학자 아들러(Alfred Adler)는 사람은 불완전하기 때문에 세상과 공존하면서 열등감을 느낄 수밖에 없다고 했다. 열등감을 느낀 개인이 남들과 자신을 지나치게 비교할 경우 일그러진 자화상을 가질 수 있다고 여겼다. 열등감이 항상 나쁜 것

---

* 투사(projection): 자아에 의해서 받아들여질 수 없는 욕망이나 동기가 타인에게 귀속화되는 것을 가리키는 것으로 방어기제의 일종

은 아니다. 열등감은 잠재 능력을 발달시키는 자극제와 촉진제의
역할을 한다. 그러나 열등감을 지나치게 억압하면 위험하다. 실
패의 불안 속에서 적절한 보상에 만족하지 않고 미래의 삶에 대
한 불안으로 더 많은 보상, 더 많은 권력, 우월성의 과다 추구로
병적인 상태가 될 수 있다.

지금-여기에서 최선을 다할 때

기택은 이미 건널 수 없는 잘못을 저질렀지만 열등감에서 살아
남을 수 있는 세 가지의 솔루션을 제시하고 싶다.

첫째, 남 탓하기와 비교하기를 멈춘다.

남 탓, 환경 탓, 사회 시스템 문제로 귀결하면 과연 무엇이 유
익한가? 성공한 놈은 원래 금수저고, 부모 잘 만나서 그런 거라
고 합리화하는 것이 뭔 도움이 되나? 그는 나보다 열심히 오래했
고, 꾸준히 한 것이다. 고생한 과정은 최소화하고, 부정 이득을
얻은 것처럼 평가 절하한다면 더 이상 발전은 없다.

존스와 해리스*는 우리가 자기비판의 적정선을 지키지 못한
채 살아간다고 하였다. 성공에 대해서는 그 공로를 자신에게 돌
리고 실패 원인은 다른 사람이나 외부요인에서 찾는 경향이 있
다. 반면 타인에 대해서는 그 사람이 실패한 것은 그에게 책임이

---

* 존스와 해리스(Jones&Harris, 1967)가 세운 '대응 추리 이론'은 사람의 행동 원인을 처
한 상황의 조건보다 그 사람의 개인적인 성격이나 능력 등에 초점을 맞춘다고 여김

있으며 변명의 근거가 되는 환경적인 영향은 애써 무시하는 경향을 보인다.

둘째, 전철을 반복하지 않기 위해 나의 문제점이 무엇이었는지 살펴본다.

'냄새'는 많은 메타포를 가지고 있다. 외모나 말투로 상대를 홀릴 순 있지만 향기를 만들어낼 수는 없다. 파리가 꽃가루받이를 해 주는 식물 중 일부는 구린내를 내는 식물도 있다는데, 기택의 냄새는 가난의 냄새라기보다 남의 순수함을 악용해서 타인의 일자리까지 빼앗는 구린내가 아닐까!

셋째, 과거에 연연하지 말고 지금-여기에서 최선을 다한다.

짧게 노력하고 성대한 결과를 얻으려는 심보를 비우자. 대충대충 폼나게 일하기보다 시간은 더디더라도 제대로 하자. 유튜브 영상을 보며 기택은 현란한 제스처로 가장 빨리 피자 박스를 접었지만 모두 다 불량이었다. '하나를 보면 열을 안다'라는 속담처럼 기택의 사업과 직장에 임하는 태도에 문제가 있었을 수 있다. 과정에 충실한 기본이 필요하다. 과정에 충실하면 결과는 따라온다. 우선, 피자 포장 박스를 정확히 접는 것부터 시작하자.

현실은 여전하고 낮은 그곳을 벗어나기란 녹록지 않겠지만, 계획을 믿고 한 계단씩 올라가야 한다. 우리 인생에는 엘리베이터 따윈 없으니 내 발로 한 걸음씩 발 디디며 올라가야 한다. 세상

일은 내 생각대로 흘러가기보다 그렇지 않을 때가 훨씬 많다. 오래 살수록 더 그렇다. 그때마다 '그래서 어쩔 수 없었다'라고 회피할 순 없다. 자기합리화로는 더 이상 성장할 수 없으니 비록 원하는 방향으로 흘러가지 않더라도 '그러나(그럼에도 불구하고) 해보자'라고 용기를 내어야 한다. 내 안의 열등감을 해결하지 않고 쌓아둘 때 얼마나 치명적으로 위험한지 기택을 통해 체감할 수 있다. 그래서 더욱 내 안의 불편한 그림자를 직시하고 변화를 원하는 용기 있는 사람들이 이 영화를 보면 좋겠다. 🎬

기생충, 봉준호 감독, 2019

너, 절대 실패하지 않는
계획이 뭔지 아니?
무계획이야, 무계획.

– 영화 『기생충』 중 기택의 대사

영화 『기생충』 기택과의
가상 상담 축어록과 해석 풀이

영화 『기생충』의 캐릭터 기택과 상담하는 가상의 시나리오
다. 영화 내용과 달리 딸 기정은 가까스로 살아났고, 기택
이 살인이 아닌 박 사장을 우발적으로 폭행한 사건으로 수
형을 산 후 귀가한 지 2개월 정도 지난 상황으로 각색했다.
이 가상 상담은 심리 상담이 어떻게 진행되는지 상담 과정
과 상담기법이 어떻게 활용되는지를 보여준다. 그럼, 새로
운 설정의 캐릭터 기택을 만나 보자.

PART 1

기택과의 가상 상담 축어록

1단계 : 변화의 첫걸음, 상담 시작

기택이 상담실로 들어왔다.

상1   안녕하세요. 오시느라 수고 많으셨습니다. 호칭을 아버님이라고 불러도 될까요?

내1   허허. 뭐 괜찮습니다. 편하신 대로 부르세요.

상2   네. 그럼, 아버님이라고 부르겠습니다. 어떻게 상담받을 결심을 하셨는지 궁금합니다.

내2   제가 출감하고 나서 아무것도 안 하고 맨날 누워 있으니까 아들 기우가 상담 한번 받아보라고 권하더라고요.

상3   네. 그러셨군요. 마음이 복잡하고 갑갑하셨을 텐데 편안하게 얘기해 보시겠어요.

내3 제가 평소 사람 좋다는 말을 많이 듣고 살았거든요. 저 스스
    로도 착하다고 생각했고요. 나름 인간성에 대한 자부심은 있
    었습니다. 그런데 그 일(박 사장 폭행 사건)을 겪고 보니 혼란스
    럽더라고요. 나라는 인간이 실력은 없어도 인성은 좋다고 생
    각했는데 나한테 병이 있나…. 그런 걸 충동조절장애라고 하
    던데, 아니면 내 속에 악마가 살고 있나…. 어쨌든 그런 일이
    일어나니 무섭더라고요. 믿으실지 모르겠지만 저는 평생 사
    람을 때려 본 적이라곤 없는 사람입니다. 맞기는 했지만….
    그런 제가… 마음속에 천불이 쌓여 있었나 봐요.
    저는 싫어도 절대 싫은 내색을 안 해요. 웬만하면 참지요. 저
    하나 참으면 다 평화로우니까. (격한 감정을 추스르는 듯 얼굴을
    감싸며) 하! 박 사장에게 너무 미안해요. 우리 가족한테 잘해
    줬는데, 덕분에 우리 식구가 한동안 잘 먹고 살았고요. 젊은
    사람이지만 배울 게 많았거든요. 성공한 사업가는 역시 다르
    긴 다르더라고요.

상4 아버님 얘기를 잘 이해했는지 확인하고 싶은데요. 제가 듣기
    에는, 나는 착한 사람이라고 생각했었는데, 감정 폭발로 우
    발적인 폭행을 하고 보니 스스로에 대한 이미지가 혼란스러
    우셨다는 말처럼 들립니다. 그 원인이 지속적인 감정 억압이
    라고 이해하시는 것 같아요. 맞나요?

내4 네. 맞아요. 그걸 얘기하고 싶었어요. 제가 말하는 걸 워낙

좋아해서 가끔 배가 산으로 가요. 제가 뭘 잘못한 거죠? 어디서부터 꼬인 걸까요?

2단계 : 내담자의 반복적인 내부 귀인* 패턴

상5   변화에 대해 구체적인 방법을 알고 싶으신 거군요. 그때를 다시 되돌릴 수는 없겠지만, 그런 비슷한 상황에서 후회하지 않는 현명한 판단을 하고 싶어 하시는 것 같아요.

내5   갑자기 너무 많은 일이 일어나고 변화가 생겨서… 머리가 복잡하고 혼란스러워요. 어디서부터 일이 꼬였을까요. 왜 바보같이 제대로 판단하지 못했을까. 왜 우리 가족이 이렇게 되어 버렸나…. 모두 제 탓인 것 같고… 그것 때문에 요즘 잠을 못 자요.

상6   장기간 잠을 못 잘 정도로 많이 힘드시고 생각이 많으시군요. 그 생각 속에는 구체적으로 어떤 행동이 잘못되었는지 제대로 알고 싶고, 가장의 역할을 잘 감당하지 못한 것 같은 죄책감도 있으신 것 같아요. 스스로에 대한 혼란스러움도 있으신 것 같고요.

내6   네. 맞아요. 제가 너무 바보 같아서… 일을 다 그르친 것 같아서 후회가 막심합니다. 가장으로서 제가 가족들에게 해준 게 없는 것 같아요. (눈물을 닦으며 3분간 침묵) 우리 딸도 다치게 만들고… (고개를 강하게 내저으며) 만약에 기정이가 잘못되

---

*   내부 귀인(internal attribution): 자신이나 다른 사람들의 행동이 발생한 원인을 개인의 성격, 동기, 태도 등에서 찾는 것

었다고 생각하면 평생 저 자신을 용서 못 할 겁니다. 다 제가 무능력해서지요. 가족에게 정말 너무 미안해요.

상7 가족에 대해 죄책감이 크신 것 같아요. 미안하다는 말을 많이 하시네요. 좀 전에는 박 사장에게도 미안하다고 하시고 지금은 가족들에게도 미안하고, 모든 결과의 원인이 자신에게 있다고 생각하시는군요.

내7 그렇지요. 다 제 잘못이지요. 애들도 부모 잘못 만나서 고생하고, 집사람도 무능력한 남편 만나서 고생하고… 우리 집사람도 한때 잘나갔거든요. (눈물을 닦으며) 미래가 창창한 포환 선수였는데… 능력 있는 남자 만났으면 박 사장 부인처럼 사모님 소리 들으며 떵떵거리며 살았을 텐데… 우리 애들도 어릴 때 머리 좋다는 소리 많이 들었고 대회에 나가서 상도 많이 탔었는데, 제가 사업 몇 번 말아먹으면서 한창 사교육이 필요한 시기에 제대로 된 학원도 못 보내고… (깊은 한숨을 쉬며) 사업만 잘되었으면 지금쯤 명문대 대학생에, 미대생도 되었을 텐데….

3단계 : 내담자의 진정한 욕구 확인

상8 아버님이 스스로에 대해 착하다고 하셨는데 맞으신 것 같아요. (네? 눈이 커지며) 가족들에 대한 사랑이 참 많으시고 누구보다 잘해 주고 싶은 따뜻한 마음이 전해집니다.

내8 (쑥스러운 듯 미소를 지으며) 안 그런 사람도 있답니까? 가장이라면 당연히 가족들에게 뭐든 해 주고 싶은 거 아닌가요.

상 9 아버님 말씀을 들으면서 '가족을 누구보다 사랑하고 정이 참
      많으시구나' 하는 따뜻함도 느껴지기도 하고, 또 한 편으로
      는 '모두가 다 내 탓'이라고 스스로를 책망하니, 많이 힘드실
      것 같아서 걱정도 됩니다.

내 9 (생각에 잠긴 표정으로) 늘 그랬던 것 같아요. 평생 제 자신이
      문제라는 생각이 들었지요. 다른 사람은 다 잘하는 데 나는
      늘 부족하고 모자란다는 생각이 있었던 것 같아요.

상 10 그렇네요. 좀 전에도 가족 중 나 빼고 모두 다 괜찮은데 내가
       부족하다고 하셨고, 박 사장도 젊은 사람인데 배울 게 많다
       고 하셨거든요.

내 10 허허. 그랬나요. 제가 딴 사람에게는 후한데, 저한테는 야박한
       것 같아요. 결과가 안 좋으면 다 내가 잘못한 것 같거든요. 그
       래서 그런지 사실 요즘 불경기 탓도 있지만… 참… 하는 사업
       마다 쫄딱 다 망하고…. 아! 그건 알고 있지요? 제가 여러 사업
       을 했는데 다 망했다는 건. (네.) 우리 집사람이 참 생활력이 강
       하거든요. 돈도 잘 모으고 불필요한 데 절대 돈 안 써요. 신혼
       때부터 돈을 야무지게 모았거든요. 그 고생한 걸 내가 사업한
       다고 다 까먹었으니…. 집사람도 여자인데 얼마나 꾸미고 싶겠
       어요. 그런데 자기 옷은 절대 안 사고 화장도 안 해요. 파마도
       안 하고 아직도 생머리로…. 우리 집사람은 또….

상 11   (미소를 지으며) 아! 또 이야기가 산으로 가네요. 잠시 끊겠습니다. 금방도 아내 평가는 후하신데, 본인 평가는 야박함을 증명하셨습니다.

내 11   (쑥스러운 듯 머리를 긁으며) 하하. 제가 그랬나요. 제 특기가 횡설수설이라서. 근데 제가 무슨 말을 하고 있었지요?

상 12   잘못되면 모두 내 탓이고, 딴 사람들은 다 잘하는 것 같은데 나는 항상 부족하고 못 하는 것 같다고 하셨어요. 지금까지 아버님 말씀을 요약하면 더 이상 우발적인 감정 폭발과 공격성을 반복하고 싶지 않다. 그러기 위해 변화가 필요하고 어떤 부분을 노력해야 하는지 알고 싶어 하시는 것 같아요. 이 부분이 아버님이 상담을 통해서 도움받고 싶은 부분이 맞으신가요?

내 12   네. 맞아요. 다시는 그러고 싶지 않거든요. 한 번은 실수해도 두 번은 하고 싶지 않습니다. 진짜로 달라지고 싶어요.

4단계 : 상담 구조화와 마무리

상 13   (중략… 상담 구조화: 상담시간, 규칙, 비밀보장, 진행방식 등 안내) 오늘은 첫 회기라 대략적인 상담 목표만 정할 거예요. 다음 주에는 좀 더 구체적인 상담 목표를 정하도록 하겠습니다. 오늘 첫 상담한 소감이 어떠신지요?

내 13   뭐. 저야…. 횡설수설한 것 같은데 박사님이 잘 정리해 주시니까, 전문가로서 신뢰도 가고 상담 오기 전에는 사실 긴장되고 걱정도 좀 있었는데 한결 마음이 편해진 것 같아요. 이렇게 계속 상담하면 10회기 끝날 때는 원하는 성과가 있을 것 같아 기대도 됩니다.

상14   네. 저도 기대됩니다. 첫날이라 어색하셨을 텐데 진솔하게 말씀해 주시고 자신에 대해 정확하게 알고 싶고 성장하는 방향으로 변화하고자 하는 강한 의지와 애정이 느껴졌습니다. 오늘 이야기 중 제게 의미 있게 들린 부분은 '잘못된 건 모두 내 탓이야'와 '솔직한 감정을 표현하지 못하고 억압한다'는 것이었습니다. 악순환을 끊는 것과 상관이 높아 보입니다. 그 부분은 다음 시간에 좀 더 자세히 얘기 나누겠습니다. 수고 많으셨습니다.

내14   네. 박사님도 수고 많으셨습니다. 다음 주에 뵙겠습니다.

기생충

PART 2

'기택과의 가상 상담 축어록' 해석 풀이

내담자가 횡설수설하는 이유

기택이 떠나고 시원한 물 한 잔을 마셨다. 내담자에게도 상담이 퍽 긴장되는 일이겠지만, 상담자에게도 꽤 많은 에너지가 소모되는 작업이다. 내게(S) 슈퍼비전을 받는 J가 상담실 문을 열고 들어왔다.

J1　소장님, 금방 기택의 상담 축어록을 읽고 궁금한 게 있어요.

S1　그래. 뭐가 궁금하지?

J2　기택 님 말이지요. 상당히 횡설수설하던데 왜 그런 거예요?

S2　내담자가 횡설수설한다는 건 여러 가지 의미로 해석할 수 있지. 첫째, 생각이 복잡한데 정리가 되지 않아서 그럴 수도 있어. 머릿속이 복잡한데 그걸 표현하려면 막막하잖아. 각기 다른 테마이고 순차적인 개념이 아니니까 어디서부터 얘기

해야 할지 힘든 거지. 둘째, 내담자의 대화 방식을 반영해 주기도 해. 평상시 대화할 때 요약정리해서 말하지는 않잖아. 보통 의식의 흐름대로 이야기를 이어가지. 상담 장면에서도 떠오르는 대로 얘기를 하다 보니 횡설수설하게 되지. 셋째, 긴장되거나 어색하거나 뭔가 불편하다는 비언어적인 표현이기도 하지. 넷째, 불안이 높아져서 침묵을 못 견뎌서 쉬지 않고 말을 하게 되는 경우도 있어. 그런 경우에도 횡설수설하게 되지. 물론 이 외에도 더 많은 경우가 있지만, 기택의 경우에는 첫 번째와 두 번째의 경우가 복합된 거로 보여.

J3 아! 그렇군요. 그러면 소장님. 이럴 땐 어떻게 해요? 이 얘기 저 얘기 다 하다 보면 상담이 잘 안 되잖아요.

S3 그렇지. 내담자가 우왕좌왕하는 건 내담자의 특권이라고 생각해. 어떠한 얘기든 편하게 얘기할 수 있지. 그런데 그렇게 내버려 두면 심도 있는 상담이 되지 못하니 훈련받은 상담자가 끊임없이 요약*을 해야겠지.

요약하기를 통해 핵심에 빨리 다가간다

J4 대학원에서 요약을 배우긴 했어요. 요약이 중요하다는 것도 알고요. 그런데 어떻게 해야 하는지 모르겠어요. 저 같은 초심자들은 내담자 이야기를 놓치지 않고 고개 끄떡이며 따라가는 것도 버겁거든요. 중간중간 내담자가 힘들다 싶으면 배

---

*   요약(summary) : 광범위한 내담자 진술 내용을 초점을 맞춘 정보로 함축하는 기법

운 대로 공감도 하고요. 한 시간 내내 경청과 공감만 하다가 마치면 뭔가 허해요. 내담자도 만족하지 못하는 것 같고. '한 시간 동안 뭐했지' 싶은 생각에 중요한 걸 빠트린 느낌이에요.

S4 맞아. 나도 예전에 그랬었지. 평생 안 해 본 공감을 배워서 '~ 해서 ~ 했겠군요' 하는 말투도 어색했고 거기다 경청을 하는 것도 힘들었지. 매번 상담할 때마다 경청과 공감만 하고 마치면 내담자에게 속 시원하게 말할 수 있는 카타르시스 정도만 제공한 것 같아. 뭔가 부족하긴 한데 뭘 해야 할지는 모르겠고 지치기만 했던 것 같아.

J5 맞아요. 제가 딱 그 상태예요. 소장님도 저 같은 시절이 있었다니 조금 위로가 되네요. 저도 나중에는 잘할 수 있을 것 같은 희망도 생기고. 그런데 지금 저한테 공감하신 거죠? 자기 노출 형식으로.

S5 하하. 눈치챘네. 이제 다른 기술을 배울 때가 된 것 같군. 그럼, 먼저 요약에 대해 배워 볼까? 초기 상담에서 내담자는 생각이 정리되지 않고 주제가 뒤죽박죽 섞이고 장황하게 보고하는 경우가 많지. 그리고 매우 감정적인 상태라 본인이 무슨 말을 했고 지금 무슨 말을 하고 있는지 인식 못 하는 경우도 많아. 그럴 때 상담자가 그 내용을 요약해서 반영해 주는 거야. 내담자가 길게 한 말도 요약하면 주제는 몇 가지로 압축되거든. 그걸 축약해서 반영하는 거지. 그 과정에서 확인도 되는 거고.

J6   맞아요. 저도 예전에 개인 분석 받을 때 우왕좌왕했던 기억
     이 나요. 그때 상담자가 제가 한 말을 반영하고 정리해 주니
     한결 제 마음을 이해하기 쉬웠어요. 그런데 그걸 제가 하려
     니 힘드네요. 좀 더 구체적으로 알려주세요.

S6   그럼 기택의 첫 상담 축어록을 보면서 얘기해 볼까? 내담자
     3을 보면 기택은 여러 가지 주제로 오랫동안 얘기하고 있어.
     요약하면 첫째, 착하다고 생각한 자신에 대한 이미지가 박
     사장 폭행 사건으로 혼란스러워하고 있어. 그러면서 둘째, 그
     행동에 대한 원인을 찾고 있지. 그러면서 평소 억압하던 습
     관이 우발적인 폭행이 되었을 거라는 잠정적 결론을 내렸지.
     셋째, 그 사건을 떠올리니까 박 사장에 대한 이미지와 죄책
     감이 함께 올라왔지. 요약하면 세 가지로 축약되지. 내담자가
     길게 보고한 내용을 분류하고 축약하고 반영하는 거지. 내담
     자가 하는 말을 잘 간추리면 핵심이 또렷하게 드러날 수 있
     어. 가장 중요한 것이 무엇이며 그 문제는 왜 어떻게 생겼는
     지 드러날 수 있지.

추측은 추측일 뿐, 정확히 확인한다

J7   그러니까 요약은 내담자의 말을 들으면서 분류하고 축약하
     는 거군요. 그다음에는 어떻게 해야 돼요?

S7   요약해서 내담자에게 들려줘야지. 전에도 얘기했지만 상담자
     도 자기식으로 해석하고 어디까지나 상담자의 가설이니까 오

해하는 경우가 있어. 중요한 내용인 경우 짐작하지 말고 확인하는 게 중요해.

J 8   아! 그래서 소장님이 상담자4에서 확인을 하신 거군요? 예전에 알려주신 공식 기억나요. "제가 듣기에는 ~~으로 들리는데, 맞나요?" 혹은 "제가 생각하기에는 ~~으로 생각이 드는데, 맞나요?" 였지요?

S 8   그렇지. 잘 기억하고 있네. 요약한 것을 반영할 수도 있지만, 내가 제대로 이해하는지 알고 싶어서 확인 기법을 쓴 거지.

J 9   그 긴말을 그렇게 짧게 압축한다는 게 놀라워요. 저도 그러고 싶은데 잘 안되더라고요. 그런데 그 '확인'이 만약에 틀리면 어떡해요? 틀리면 제 실력이 들통나서 부끄럽잖아요. 내담자도 절 신뢰하지 않을 것 같고.

S 9   그런 두려움이 있을 수 있지. 그런데 생각해 봐. 내담자의 메시지를 정확히 확인하고 제대로 된 방향으로 상담을 진행하는 게 나을까? 용기가 없어서 확인 과정 없이 '내 식'으로 해석하고 엉뚱한 방향으로 상담이 진행되는 위험을 감수하는 게 나을까?

J 10   그야 당연히 후자지요. 그래도 엉뚱한 얘기할까 봐 걱정돼요.

S 10   만약에 내가 J에게 '확인' 기법을 썼어. 그런데 내가 내용을 잘못 이해하고 있어. 그러면 J는 어떤 마음이 들 것 같아? 저

사람은 왜 저렇게 말귀를 못 알아듣지. 통 신뢰를 못 하겠어. 이런 마음이 들까?

J 11   아니요. 제 얘기를 소중히 귀담아서 듣고 있구나, 하는 생각이 들 것 같아요. 내 말을 잘 듣고 제대로 이해하기 위해서 확인하는 것일 거니까요. 내용이 틀리면 제가 알려주면 되지요.

S 12   맞아. 내담자도 비슷한 심정이야. 상담자가 진심을 다해 자신의 이야기를 귀담아듣고 잘 이해하려고 노력하고 있다는 느낌이 전해지면 도와주고 싶은 마음이 들지 평가하지는 않아. 확인 기법을 통해 상담자가 내담자의 이야기를 잘 이해하고 싶다는 메시지를 전해 주는 거지.

말 너머에 있는 내담자의 진정한 욕구를 파악한다

J 13   맞네! 그렇네요. 그런데 소장님. 내담자4에서 기택은 구체적인 방법을 알려달라고 하잖아요. 이럴 때는 어떻게 해야 해요? 상담자가 답을 주는 건 아닌데 가끔 해답을 달라고 하는 내담자를 만나면 정말 당혹스럽고 난감해요.

S 13   맞아. 상담자는 내담자 스스로 답을 찾을 수 있도록 도와주는 조력자일 뿐 답을 주는 건 아니지. 답에 매일 필요는 없어. 내담자의 콘텐츠에 매이지 말고 그 너머를 봐야지.

J 14   말의 내용이 아닌 그 너머를 보라고요? 너무 철학적인데요.

대충 느낌은 오는데 구체적으로 어떻게요?

S 14   내담자4에서 기택은 구체적인 방법을 알고 싶고 자신이 뭘 잘못했고 어디서부터 잘못되었는지 알고 싶다고 했지. 그런데 왜 그는 이런 말을 했을까? 상담자는 내담자가 하는 말속에 내담자의 욕구가 무엇일까를 생각해야 하는 거지. 내가 생각하기에 그는 과거 자신의 행동을 후회하고 있고 수정하고 싶어 하는 거라고 생각했어. 과거는 통제할 수 없지만 미래는 예방할 수 있으니 달라지고 싶을 거라고. 그래서 그걸 상담자5에서 '반영*'한 거야.

J 15   내담자5에서 기택의 자책이 많이 표현된 것 같아요.

S 15   기택을 우울하게 만드는 '내부 귀인'이 나타나고 있지. 첫 회기 상담이기 때문에 그 부분에 대해 깊이 있게 들어가는 것보다 상담에 대한 기대와 바람을 듣고 싶었어. 그래서 상담자6에서 다시 내용을 반영하고 요약했지.

J 16   내담자6에서 기택의 감정이 폭발한 것 같아요. 울기도 하고 침묵도 이어지고 목소리의 변화도 있었던 것 같아요.

S 16   오! 관찰력이 상당한데. 기택이 왜 우울한 지 정보를 주는 부분이었지. 특히 침묵 없이 이어지는 보고 패턴에서 '3분간의 침묵'은 매우 의미 있는 부분이지. 비언어가 언어보다 더 강력한 건 알고 있지? (네.) 강렬한 감정이 일어나고 있다는 신호인데, 침묵 후 보고한 내용이 딸 '기정'이 잘못되었더라면 자신을

---

*   반영(reflecting) : 내담자의 이야기를 듣고 이해한 것을 상담자가 다시 말하는 기법

용서할 수 없다는 내용이었어. 자신의 실수로 딸이 다쳤고, 자 칫 잘못하면 딸을 잃을 수도 있었을 거라는 공포와 죄책감을 불러일으킨 것으로 보여. 기택의 내부 귀인은 '미안하다'는 언 어로 표현되고 있지. 그 부분을 상담자7에서 반영했어.

J 17 내담자7에서 자신의 무능함과 가족에 대한 미안함에 대해 많이 얘기하더라고요. 그런데 소장님은 공감을 별로 안 해 주신 것 같아요. 왜 그러셨어요?

S 17 보통 힘든 상황에서 상담실을 찾게 되니 내담자들은 하소연 을 많이 하지. 자신이 피해받은 것이나 얼마나 고통스러운 삶을 살았는지에 대해. 기택은 오히려 자신이 피해준 것에 대 해 하소연을 했어. 그는 습관적으로 자책하는 패턴이었어. 이 럴 때 공감은 오래되고 굳은 내담자의 바람직하지 않은 패턴 을 강화시킬 수도 있어. 그래서 그의 욕구에 초점을 맞추었 지. '~ 때문에 죽겠다'는 다른 말로 '~을 원한다'잖아. 그래 서 기택의 진정한 욕구에 초점을 맞추어서 반영했지.

상담기법은 적절한 시기에 사용한다

J 18 와! 그런 깊은 의도가 있었군요. 전 내담자가 힘들 땐 공감하 라고 해서 계속 공감만 하거든요. 그런데 그럴수록 내담자의 하소연이 더 길어져서 감당이 안 되는 경우가 있어요.

S 18 상담자9에서는 기택의 강점도 반영하면서 동시에 그를 우울

하게 만드는 요인에 대해 함께 반영했어. 내담자9에서 기택은 어릴 때부터 있었던 열등감에 대해 보고했어. 이 부분은 앞으로의 상담에서 상당히 중요한 열쇠가 될 거야. 기택의 가계도와 성장 환경을 자세히 살펴보는 것이 사례 개념화에 도움이 되겠지. 이 부분은 다음에 얘기하기로 하고, 기택을 우울하게 만드는 메커니즘인 '나 빼고 다른 사람은 다 괜찮다. 내가 문제다. I'm not okay, You're okay'가 표현되었지.

J 19   그러면 그 메커니즘을 깊이 다루어야 하는 것 아닌가요?

S 19   첫 회기라 내담자와 충분한 라포 형성이 되지 않았고 아직은 적기라는 생각이 들지 않았어. 지난번 상담에서 '적시성'이 중요하다고 얘기한 것 기억나지? (아? 네!) 상담기법도 중요하지만 적절한 시기라는 게 있는 법이니까, 상담이 무르익을 때까지 조금 기다리는 게 낫겠지. 내담자가 상담에 대해서 안전하다는 느낌을 받고 상담자에 대해서 신뢰할 수 있을 때까지, 그때가 되면 자신의 이야기를 마음껏 할 수 있고 들을 수 있고 구체적인 행동들을 실행할 수 있게 되지.

J 20   와! 상담이 무르익는다. 시적인 표현이네요. 그래서 소장님은 어떤 전략을 쓰신 거예요?

S 20   내담자가 한 말을 반영했지. 기억나? 여러 차례 강조했을 거야. 상담자는 '내담자의 패턴을 잘 찾아야 한다'라고. 기택의 'I'm not okay, You're okay'를 뒷받침하는 보고 내용을 반

영했어. 직면의 성격을 띠는 반영이라고 할 수 있겠지.

J 21 그런데 내담자10에서 또 장황하게 말이 길어지더라고요. 이
럴 때 계속 듣고 있어야 하나요?

S 21 내담자10은 상담에서 자주 일어나는 경우지. 의식의 흐름대
로 이야기가 흘러가는 형태. 그런데 이런 경우 계속 듣고 있
는 것은 내담자에게 별 도움이 되지 않아. 상담 시간도 제한
적인데 비효과적인 거지.

J 22 이럴 때 어떻게 해요? 내담자의 말을 끊기가 너무 힘들어요.
특히 저보다 연장자이면 더 힘들고요.

S 22 현재 어떤 상황이라는 것을 반영해도 되고 좀 전에 배운 요
약을 해도 되지. 아무리 긴 말도 한두 문장으로 요약할 수 있
으니까. 내담자의 감정이 격한 상황이면 깊은 공감을 하는 것
도 좋아. 그런데 기택의 경우에는 공감이 필요한 상황은 아
니었고 생각나는 대로 말을 이어가고 있었는데, 나는 지금
이 상황이 본인이 문제라고 여긴 '배가 산으로 간다'를 잘 보
여줄 기회라고 생각했지. 그래서 '반영, 직면, 유머*'를 함께
사용했어. 물론 '적시성'을 활용해서 말이지.

J 23 아이고. 뭐가 그렇게 복잡해요. 어지러워요.

S 23 음… 쉽게 설명하면 실시간으로 피드백을 한 건데 아직 라포
가 충분히 형성되지 않은 상태라 표현을 부드럽게 '유머' 기

---

* 유머(humor, humour) : 의외의 시선으로 새로운 관점을 형성할 수 있는 치료적 도구가
되어 강력한 힘을 발휘함

법으로 직면한 거라고 보면 되겠지. 여기서 "또 이야기가 산으로 가고 있다는 것, ~ 본인 평가는 야박함을 증명하셨습니다"가 '유머'인 거지. 아내 평가는 긍정적인데 자기 평가는 부정적이라는 내용이 '직면' 혹은 '반영'인 거고.

J24 아! 그걸 실시간으로 어떻게 생각하지요. 정말 대단하신 것 같아요. 왜 소장님이 매일 '상담은 예술'이라고 하는지 조금 알 것 같아요. 그리고 상담자12에서 다시 요약하신 거지요?

S24 이제 요약을 잘 아네. 그리고 첫 회기니만큼 가장 중요한 과업이 '상담 목표(방향) 설정'이잖아. 그래서 요약하면서 내담자의 상담 목표를 확인한 거야. 상담을 통해 도움받고 싶고 변화되고 싶은 내담자의 욕구에 대해.

상담 구조화와 상담 소감

J25 그리고 상담자13에서 상담 구조화*를 하셨네요.

S25 그렇지. 첫 회기에서 반드시 안내해야 할 부분이니까. 내담자는 고객으로서 상담이 어떤 방향으로 진행되는지, 어떤 부분이 비밀 보장이 되고 안 되는지, 상담하면서 지켜야 할 사항, 시간 약속, 책임과 상담의 한계 등에 대해 정확히 알 권리가 있지. 이런 과정을 정확히 알 때 상담에 대해 안정감을 얻게 되지. 이 모든 과정이 상담자가 일방적으로 통보하는 것이 아니라 공감적 대화를 하면서 자연스럽게 합의하는 방식으로

---

*   상담 구조화(counseling structualization): 상담을 진행해 나가는 데 필요한 구조적 형태를 상담자가 주도적으로 만들어 가는 작업

이루어져야 하는 거지. 내담자도 궁금한 점을 편하게 확인할 수 있고. '구조화'가 분명하면 상담의 혼선도 줄어들지. 초심 상담자는 이 부분을 생략하거나 대충하는 경우가 있어. 그래서 상담자에 대해 불신하게 되는 경우들도 종종 생기게 돼. 거듭 말하지만 매우 중요한 부분이야.

J 26 넵! 알겠습니다. 그리고 마칠 때 내담자에게 상담 소감을 물어보셨네요. 상담자가 먼저 소감을 말하는 게 더 자연스럽지 않을까요?

S 26 글쎄, 내 생각에는 내담자의 소감을 먼저 물어보는 게 좋을 것 같아. 만약에 상담자가 먼저 이번 상담 회기가 너무 좋았고 라포 형성이 잘된 것 같다고 말한다면 내담자는 상담 회기가 어색했고 불편했던 솔직한 마음을 말하기 힘들 것 같거든. 상담자의 말이 영향을 미칠 수 있으니까.

J 27 기택은 첫 회기 상담에 대해 만족한 것처럼 보였어요.

S 27 나도 솔직한 마음을 표현했지. 특히 상담실에 온 '용기'와 '진솔한 태도'에 대해 지지해 주고 싶었어. 그 자체가 변화에 대한 가능성이기도 하고, 자신을 좀 더 이해하고 싶고 사랑하는 증거라고 생각하거든. 내담자가 상담실에 온 것에 대해 좋은 선택이었고 앞으로의 상담을 기대하게 하는 게 초기 상담에서 중요한 과업이라고 생각해.

J 28 그런데 끝날 때 기택의 메커니즘에 대해 언급하셨어요. 그건 어떤 의도였어요?

S 28 나도 사실 망설였어. 자칫 잘못하면 내담자가 그 부분에 대한 질문을 하면서 상담이 다시 시작될 수도 있거든. 무엇이 좋다 나쁘다고 말할 순 없을 것 같고, 요즘 유행하는 '케바케'라고 하지. 사례마다 내담자에 따라 다 다르니까. 회기를 마무리하는 시점이었기에 소감 방식으로 살짝 힌트를 준 거지. 내가 보기에 기택은 성실하고 영리한 사람으로 보였거든. 다음 주까지 그 부분에 대해 많은 생각을 하고 올 것 같았어. 그리고 내 의도대로 못 느꼈다 하더라도 다음 회기에 대한 예고를 하고 상담에 대한 기대를 가지게 하는 건 좋다고 봐. 그럼 오늘 슈퍼비전은 여기까지 할까? J의 소감을 듣고 싶은데.

J 29 음. 생각이 복잡해요. 알 듯 모를 듯. 역시 상담은 예술이구나! 하는 생각도 들고, 상담이 무르익을 때까지 기다린다는 말도 기억에 남네요. 저 혼자 축어록을 볼 때는 이해가 안 되던 것들이 소장님 설명과 왜 그렇게 하셨는지 이유를 들으니 훨씬 이해가 잘 되네요. 오늘 메모한 것을 다시 정리하면서 공부해야겠어요. 헷갈리는 부분을 시원하게 긁어 주셔서 감사해요. 하하.

S 29 나도 J가 이렇게 열심히 공부하는 모습을 보니까 흐뭇하네. 다음에도 또 궁금한 것 있으면 물어보게나. 덕분에 나도 정리해 보는 계기가 되어서 좋네. 하하.

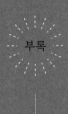

부록

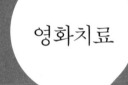

영화치료

10문 10답

영화치료에 참여하면
어떤 도움을 받을 수 있나요?

사고가 점점 확대되고 관점이 통합되는 경험

영화치료의 효과는 다양합니다. 스무 해 이상 영화치료를 하면서 가장 감동받는 부분은 '사고의 확장과 관점의 통합'입니다. 심리치료의 목적 중 하나인 경직된 사고의 틀에서 벗어나 다양한 관점을 통합하고 사고를 확장할 수 있도록 도와주는 측면에서 영화치료는 최적화되어 있어요.

영화는 나에게 있을 수도 있는 이야기지만, 그렇다고 내 이야기는 아니기 때문에 객관적으로 보는 것이 가능합니다. 적절한 거리를 유지하면서 극 중 인물을 관찰하면서 행동과 동기를 분석하고 관계를 평가할 수 있어요. 주인공들의 고난과 역경을 극복해 나가는 방법들과 서로 다른 문제 해결 방식을 파악하면서 다양한 대안을 탐색할 수 있습니다.

특히 영화치료는 개인상담보다 집단상담에서 이루어질 때 더 효과가 높습니다. 같은 영화, 같은 스토리를 각자 다른 관점으로 보고 해석하고 다른 가치로 평가하는 과정에서 자신이 미처 보지 못한 부분을 일깨워 주고 다양한 관점으로 이야기를 나누면서 사고가 점점 확대되고 관점이 통합되는 경험을 하게 됩니다.

그래서 저는 영화치료 집단상담을 모둠 피자에 비유하곤 합니다. 각자 자기가 좋아하는 맛의 한 조각 피자를 가져왔는데 그걸 모으면 모둠 피자가 되어 다양한 맛과 향을 맛볼 수 있으니까요. 수년간 영화치료 집단상담에 꾸준히 참여하는 분이 있어서 참여 이유를 물었더니 "되게 신기해요. 내 눈에는 도저히 안 보이는데 저렇게도 생각할 수 있구나! 난 단 한 번도 생각해 보지 못했는데. 마술 같아요"라며 참여할 때마다 자신이 성장하는 게 느껴져서 계속 참여하고 있다고 하더라고요.

왜곡된 기억이 퍼즐처럼 맞춰지는 경험

영화치료에는 기억의 촉진과 통합도 있습니다. 영화는 기억과 무의식을 켜주는 스위치 역할을 합니다. 영화를 보다 보면 잠재된 기억이 올라오기도 하고 잊고 있었던 것들이 생각나기도 하지요. 기억은 수시로 편집되고 왜곡되잖아요. 영화는 무수히 많은 장면이 모여 있어서 영화가 깊이 잠재된 기억과 마주하는 촉매제 역할을 합니다. 잊고 있었던 기억의 파편들이 떠오르기도 하고 왜곡된 기억들이 퍼즐처럼 맞추어지는 경험도 하게 됩니다.

내면의 지혜로운 목소리와 만나는 경험

영화치료는 자기 이해에도 상당히 효과적입니다. 영화 속 많은 캐릭터 중에서 유독 마음에 드는 캐릭터와 거슬리는 캐릭터가 있지요. 또 긍정적 정서가 올라오는 장면이 있고, 불쾌하고 불편한 부정적 정서가 올라오는 장면들도 있어요. 이러한 캐릭터와 장면들에 대해 자신의 주관적 영향을 탐색하는 과정에서 전혀 몰랐던 무의식과 만나고 통찰하는 의미 있는 경험을 하게 됩니다.

　같은 영화인데도 이전에 볼 때와 다른 장면이 도드라져 보이는 경험을 한 적이 있으시죠. 현재 자신이 맞닿은 관심사와 이슈와 관련된 부분이 보이고 들리는 거지요. 영화 속 인물이 하는 대사가 마치 내게 건네는 말처럼 들리기도 하고, 큰 감동을 받아 내 삶의 좌우명이 되기도 합니다. 의사결정을 못 하고 고민하는 상황에서는 앞으로 어떤 결정을 내려야 할지 내면의 지혜로운 목소리와 만나서 최적의 선택을 하도록 돕고 삶의 방향을 가이드해 주기도 합니다.

Q2

영화치료는 무엇인가요?
어디서 배울 수 있나요?

심리 상담을 목적으로 한 예술치료

영화치료는 치료적 수단 혹은 심리 상담의 목적으로 영화를 활용하는 예술치료예요. 꼭 영화만 활용하는 건 아니고 드라마나 다큐멘터리, 동영상 등 다양한 영상 자료를 모두 활용합니다. 많은 사람이 영화치료는 영화를 감상하는 방식만 떠올리는데 그렇지 않아요.

영화치료는 기존에 이미 만들어진 영화나 영상 콘텐츠를 개인적 치유와 변화를 위해 의식적으로 관람하고 치료적으로 접근하는 '영화감상치료'가 있고요. 또 다른 영역으로 시나리오 제작이나 영화를 직접 찍으면서 자기 이해 또는 사회적응 향상을 조력하는 '영화표현치료'도 있습니다. 최근 영화표현치료 분야도 많이 사용하고 있고 특히 아동, 청소년 현장에서 치료 효과가 높아요.

학회와 지역 분회 통한 영화치료 프로그램 참여

영화치료는 다른 심리치료 분야에 비해 역사가 긴 편은 아니에요. 1990년대 초반 미국에서 간호, 사회복지, 임상심리학 분야의 전문가들이 영화를 집단상담과 부부상담에서 활용하면서 처음 시작되었어요. 우리나라에서는 2005년 영화치료에 관심 있는 전국 각지 상담 전문가들이 꾸준히 연구회 활동을 하면서 2008년 5월 '한국영상영화치료학회'가 창립되었어요. 그사이 영화치료 분야의 연구가 활발해지면서 영화치료 전문가들과 석·박사학위 논문도 많이 배출되었죠. 학회와 지역 분회를 통해 영화치료 프로그램에 참여하거나 상담 현장에서 활용할 수 있는 실제적인 연수를 받을 수 있어요. 상담 전공자가 아니어도 마음 챙김이나 힐링을 위해서나 자신을 좀 더 이해하기 위해서 참여할 수 있어요.

미디어 토론과
영화치료는 어떻게 다른가요?

토론은 해답을 찾고, 영화치료는 마음을 따라가고

정해진 주제가 있고 상반된 견해의 토론 경합을 통해 해답을 찾아가는 미디어 토론과 달리 영화치료에서는 정해진 답이 없어요. 영화를 보고 치료적으로 이야기를 나눌 때는 정해진 답이나 상담자가 의도하는 방향이 없습니다. 참여자가 말하는 그 어떤 것도 정답이 될 수 있어요.

영화는 감독이 의도한, 관객에게 전하고 싶은 메시지입니다. 그렇지만 영화를 보는 사람들은 각각 다른 시선으로 봅니다. 우리는 각자 보고 싶은 대로 보고 듣고 싶은 대로 들어요. 심리학에서는 이것을 '선택적 주의'라고 해요. 같은 영화를 봤는데, 유독 내게만 보이고 들리는 부분이 있어요. 또 그 장면에 자기 나름의 의미를 부여합니다. 선택적으로 지각하고 자기 나름의 맥락으로 해석합니다. 감독의 영화가 수십만 개의 각기 다른 의미의 영화로 진화되는 것이지요. 그 각자의 다른 영화를 공유하고 의미를 찾고 새로운 깨달음을 찾는 과정이 바로 영화치료입니다.

지적인 토론이 되지 않도록 주의해야

영화치료의 핵심은 영화의 내용이나 의미에 관해서 토론하는 것이 아니고 관람자에게 어떤 장면, 시퀀스가 어떻게 영향을 주었는지를 알아내고, 그 과정을 명료하게 드러내 주는 것에 있습니다.

따라서 영상영화심리상담사는 영화치료할 때 영화 내용이나 의미에 관하여 미디어 토론이 되지 않도록 지식적인 측면에 집중하거나 지적 토론이 되지 않도록 주의를 기울여야 합니다.

영화가 어떻게
치유적 도구가 될 수 있나요?

자연스러운 유대감 형성과 자발적 참여 가능

영화는 남녀노소 누구나 쉽고 부담 없이 접하잖아요. 집 밖을 나서면 스마트폰을 들고 영화나 영상을 보고 있는 모습을 흔히 보게 되지요. 영화 자체가 오락성을 가진 매체여서 몰입이나 흥미를 잘 유발하는 것에는 모두 동의하실 거예요. 같은 영화를 본 것만으로도 대화거리가 생기고 자연스럽게 유대감이 생깁니다. "난 이렇던데, 넌 그 영화 어땠어?" 하면서요.

솔직히 자신에 대한 개방은 부담스럽지만 영화에 대한 이야기는 부담 없이 할 수 있잖아요. 영화치료는 이 포인트를 적극 활용합니다. 특히 비자발적인 청소년 상담에서도 영화 보기로 상담을 시작하면 방어가 많이 풀리면서 자발성을 끌어내는 데 큰 도움이 되지요.

특히 감각적인 것을 많이 추구하는 MZ세대에게 영화는 시각과 청각, 자막 등 다양한 감각적 양식으로 생생하게 전달하는 최고의 매체입니다. 또한 기본적으로 이야기 방식이어서 마치 내 이야기인 듯 공감하고 몰입하게 만듭니다. 특히 영화 속의 아름다운 색채와 소리, 음악 등은 인지적인 수준을 넘어서 정서적 수준까지 영향을 줄 수 있지요.

영화의 보편성이 안겨주는 토닥임의 역할

영화는 '카타르시스'의 도구이기도 합니다. 우리는 영화를 보면서 까르르 웃기도 하고 어떤 장면에서는 자신도 모르게 펑펑 울기도 하잖아요. 그럴 때마다 평소 꾹꾹 눌러놓았던 감정의 찌꺼기들이 시원하게 씻겨나가서 몸과 마음이 이완되고 카타르시스를 느끼는 경험을 하곤 합니다. 스트레스를 받으면 오히려 더 무서운 공포물을 보거나 놀이동산 롤러코스터를 타서 더 심한 스트레스에 노출하는 것과 비슷한 원리입니다.

집단상담에 참여해 다른 내담자들의 이야기를 듣다 보면 '나 혼자만 이런 고민하는 게 아니구나, 다들 비슷하네!' 하며 마음을 놓이는 것처럼 영화도 마찬가지입니다. 영화 속에 자신과 전혀 다른 캐릭터가 나옴에도 그들의 삶과 고민이 나와 별반 다르지 않다는 걸 발견하게 해주지요. 영화는 이처럼 누구나 비슷하다는 보편성을 내담자에게 인식시켜 줌으로써 "괜찮다"라고 위로하며 어깨를 토닥여 주는 역할을 합니다.

평소 영화를 보는 것과
치유적으로 영화를 보는 것은 어떤 차이가 있나요?

'줄거리'에 초점을 맞춘 오락적 관점

우리가 영화를 선정하는 기준이 뭘까요? 영화 예매할 때 영화를 미리 본 사람들 리뷰를 읽고 평점이 좋으면 선택하잖아요. 보통 영화를 보는 기준은 재미입니다. 이런 관점을 '오락적 관점'이라고 합니다.

오락적 관점에서 영화를 볼 때 우리는 줄거리에 초점을 두지요. 배우들의 행동을 보면서 인과관계를 추론하며 결국 엔딩이 어떻게 될 것인가가 초미의 관심사입니다. 최종 혜택은 재미고요. 재미있으면 시간도 돈도 아깝지 않아요. 영화를 보면서 나도 모르게 긴장하게 되고 등장인물이 기쁘면 나도 기쁘고 그가 슬프면 나도 슬퍼지는 정서적으로 동일시가 일어나게 됩니다.

'새로운 통찰'을 얻는 치유적 관점

그러면 '치유적 관점'에서 영화를 보는 것은 어떻게 다를까요? 스토리보다는 등장인물에 초점을 맞춰서 그들의 관계 역동을 통해

결과를 이해합니다. 엔딩보다는 전개되어 가는 과정을 더 눈여겨 보지요. 여기서 중요한 포인트는 배우를 보던 시선의 방향을 자신에게로 돌린다는 거예요. 어떤 캐릭터가 불편하고 어떤 캐릭터는 마음이 편한지, 어떤 장면에서 유독 긴장되고 어떤 장면에서 거부감이 느껴지는지 등 내면에서 일어나는 일에 집중합니다. 의식적 자각 상태에서 관찰하고 분석해요. 그것을 글이나 말로 표현합니다. 치유적 관점에서의 영화 보기 목적은 그동안 알지 못했던 새로운 통찰을 얻는 것이에요.

영화치료를 한 학기 경험하신 분이 얘기하더군요.

"이제 드라마를 봐도 그렇고 영화를 봐도 그렇고 안 보이던 것이 막 보여요. 마치 제2의 눈을 가진 것 같아요. 너무 재미있어요."

그러면서 이 말도 덧붙이더군요.

"그런데 치료적 관점으로 보니까 분석할 것이 너무 많아서 머리가 아파요. 계속 이렇게 봐야 할까요?"

동감이 가서 한참 웃었습니다. 어떻게 볼 것인가는 본인의 선택입니다. 10편의 영화를 보면 그중 치료적으로 쓸 수 있는 영화가 1편 나오면 운이 좋다고 생각해요. 저도 처음에는 그냥 재미있게 봅니다. 치유적으로 쓸 영화를 발견하면 다운로드하여서 심층 분석하며 정리하는 과정으로 넘어가지요. 스토리만을 따라가다 미처 보지 못한 심리적 지점들을 숨은 그림 찾듯 보다 보면 영화가 훨씬 풍요롭게 다가온답니다.

구체적으로 영화치료를
어떻게 하나요?

영화치료는 총 3단계로 진행

영화치료 진행은 총 3단계로 이루어집니다. 먼저 1단계 경우 내담자 평가를 기초로 영화를 선정하여 내담자와 연결시켜요. 여기서 문제 평가는 치료 목적과 내담자 호소 문제예요. 내담자의 이해 수준을 고려하고 내담자의 강점을 파악한 후 캐릭터와 내담자 간의 공통점과 차이점도 고려하지요. 다음 2단계 경우 영화가 선정이 되면 그 영화를 보고 올 것을 명확하게 처방하지요. 왜 이 영화를 봐야 하는지, 간략한 영화에 대한 소개를 곁들어서요. 필요한 경우에는 배우자 혹은 자녀와 함께 보고 올 것을 요구하기도 합니다.

영화치료를 한다고 해서 개인상담의 모든 회기에서 영화를 보는 것은 아니에요. 10회기 기준에서 필요 회기만큼만 보고 다른 회기는 일반 심리 상담 형식으로 진행됩니다. 이 횟수는 정해진 것이 아니어서 상담자의 치료 스타일과 치료적 상황에 따라 다르게 결정됩니다.

상담자의 스타일에 따라 상담 장면에서 영화 전편을 보기도 하고 편집된 영상을 보기도 합니다. 저는 집단상담에서는 과제로 영화를 미리 보고 올 것을 제시한 후 타깃 장면 중심으로 40~50분 편집한 영상을 본 후 진행하고, 개인상담에서는 영화를 미리 보고 온 후 내담자가 보고 싶은 한두 장면을 상담실에서 함께 보고 이야기를 나눕니다.

가장자리에서 점점 핵심으로 접근

영화감상 시간이 지나갈수록 기억과 감정이 희미해지기 때문에 영화를 본 직후 상담하는 것이 몰입에 효과적이에요. 마지막 3단계 경우 처음에는 영화에 대한 전반적인 감상을 논의하고 내담자와 라포가 형성된 후 점차 내담자의 문제와 연결합니다. 영화 속 주인공과 비슷한 경험을 한 적은 없는지 등의 질문을 통해 매체에서 진짜 내담자 문제로 넘어가는 것이지요. 이렇게 자연스럽게 브릿징이 되면 그 이후는 일반적인 심리치료로 진행됩니다. 특히 비자발적인 상담에서 방어 수준을 낮추는 데 매우 효과적이지요.

영화치료는 수영할 때와 같은 원리라고 보면 됩니다. 수영하기 전에 준비운동을 하고 내 몸에 물을 충분히 적시잖아요. 순서가 발끝, 손끝에서부터 점점 심장 가까이로 가잖아요. 심리치료도 같아요. 가장자리에 있는, 안전하다고 생각하는 영화에 대한 이야기를 먼저 하는 겁니다. 가장 기억에 남는 장면이 무엇이었나? 가장 인상적인 사람이 누구였냐? 가장 마음에 드는 인물과 마음에 들지 않는 인물이 누구였나? 등 영화에 대한 질문으로 시작해요. 답변 속에서 내담자의 현재 문제와 반복되는 패턴이 나옵니다. 상담자는 임상적 가설을 세우고 내담자의 이슈를 확인해서 점점 핵심적인 주제로 접근하는 거예요.

Q7

영화치료를 위해서
영화 선정은 어떻게 하나요?

한 편의 영화를 선정하기까지

영상영화심리상담사에게 영화를 잘 선정하는 것은 가장 기본적이고 중요한 일이지요. 독서치료사에게 책을 잘 선정하는 것처럼요. 별도의 영화치료용 영화 혹은 치유목적용 영화는 없습니다. 대상과 주제에 맞게 매칭해야 합니다.

제가 추천하는 방법은 이렇습니다. 먼저 포털사이트에 들어가서 대상과 주제를 검색하세요. 추천 영화 내용을 꼼꼼히 읽으면서 후보 리스트를 10편 이상 작성합니다. 그리고 그 영화를 다 봅니다. 영화치료에 적합한 영화를 고르는 일은 상당한 시간이 걸리는 작업입니다. 그 속에서 적합한 영화라는 확신이 드는 영화가 있을 거예요. 아니다 싶은 영화를 하나씩 추려내면 최종 후보 2, 3편이 남습니다. 내담자에게 적용될 모습을 구체적으로 상상하면서 영화 한 편을 최종적으로 선정하면 됩니다.

영화를 최종 선정한 후에는

영화는 영화 속 캐릭터가 내담자와 얼마나 비슷한지, 이 영화 수준이 내담자의 감수성에 맞을 것인지, 이해할 수 있는 수준인지, 취향이나 선호도 등을 고려해서 선정하세요. 가장 중요한 점은 내담자의 현재 이슈와 맞아야 하겠지요. 아무리 시간이 없어도 전문가가 추천하는 영화를 고민 없이 선정하는 것은 위험합니다. 상담자가 확신할 수 있을 때 내담자도 설득할 수 있어요. 영화가 최종적으로 선정되었다면 최소 두 번 이상 보면서 분석 작업에 들어가기를 권합니다.

저는 영화를 다운로드하여 집중할 수 있는 환경에서 5~10분 간격으로 중간중간 멈추면서 중요한 포인트와 대사, 응용할 수 있는 아이디어 등을 기록합니다. 영화 대사는 거의 다 기록하는 편이에요. 나중에 내담자가 기억에 남는 장면을 얘기할 때 바로 찾기 위해서지요. 기억하고 있어야 공감할 수 있으니까요. 나중에 메모한 것을 검토하면서 발문을 만들고 영화 속에 나오는 심리학적 개념을 별도의 시각 자료로 만들기도 합니다.

영화 선정할 때 유의할 사항

개인상담에서 영화를 활용하는 경우에는 내담자에게 '내 인생 영화' 목록을 5편 이상 받고 사례개념화*후 상담 목표에 적합한 영화를 한두 편 선정합니다. 영화치료에서는 이 방식을 '역방향 셀렉팅(backward selecting)'이라고 합니다. 반대로 영상영화심리상담사가 적합한 영화를 내담자에게 추천하는 경우에는 상담 과제로 영화를 보고 올 것을 요구해요. 이 방식은 '순방향 셀렉팅(forward selecting)'이라고 하지요. 저의 경우는 역방향 셀렉팅, 즉 내담자의 인생 영화 목록 활용이 더 효과적이었어요.

집단상담은 이보다 복잡합니다. 인원이 많고 다양하니 유사성, 취향, 선호도, 이해 수준이 각자 다르잖아요. 이때는 참여한 내담자들의 성별, 연령, 관심사, 선호도, 집단의 목적 및 성격 등을 고려하여 영상영화심리상담사가 직접 선정합니다. 이때 선정한 영화의 완성도, 심리적, 교육적 효과 등을 꼼꼼하게 살펴본 후 확신이 드는 영화를 선택하는 것이 좋아요.

영화를 선정할 때는 내용 그 자체보다는 상징적인 수준에서 치료와 연관이 있어야 해요. 예를 들어 학교폭력 피해자에게 동일한 학교폭력을 다루는 영화를 선택하면 안 됩니다. 오히려 힘의 불균형을 다룬 상사와 부하의 갈등을 다룬 영화를 선택하는 것이 적합하겠지요.

---

* 사례개념화(case conceptualization) : 내담자의 특징적 행동, 정서, 사고에 이론적인 지식을 적용하여 내담자 문제의 성격과 원인에 대해 상담자가 잠정적인 가설적 설명과 이에 기초한 상담 목표 및 전략을 수립하는 일

영상영화심리상담사는 어떤 역할을 하나요?

영화에서 적절한 거리 유지하기

상담자는 내담자 혹은 집단원들이 영화에 동일시하고 정서적으로 카타르시스를 충분히 경험함으로써 깊은 수준의 통찰을 할 수 있도록 돕고, 이 통찰한 것을 삶에서 적용할 수 있도록 촉진하는 역할을 합니다.

그러기 위해서 상담자는 참여자들이 적절한 심리적 거리를 형성할 수 있도록 최대한 관심을 기울입니다. 여기서 '적절한'이란 영화 속 등장인물들과 동일시할 정도로 심리적으로 가까워야 하지만 동시에 그들을 객관적으로 자신의 문제를 파악할 수 있게 할 정도로 먼 거리입니다. 즉 영화에서 너무 멀리도 가까이 있지 않도록 거리를 유지하는 것입니다. 영화는 다른 예술 장르에 비하여 핍진성*이 높아서 동일시가 일어나기에 유리하지요.

예를 들어 드라마 『도깨비**』를 좋아하는 주부가 너무 깊이 드라마에 몰입해서 자신이 '지은탁(김고은 분)'이라고 생각하고 '김신(공유 분)'과 진짜 사랑하고 있다고 착각한다면 객관적 거리 두기가 되지 않아서 영화치료 효과를 가져올 수 없겠지요. 반대로 참여자가 등장인물과 동일시가 전혀 되지 않아서 맹숭맹숭 어쩌라고 하는 자세로 나온다면 그 또한 영화치료 효과는 없습니다. 동일시가 되어야 카타르시스도 느끼고 의미 있는 통찰을 하게 되는데 첫 단추를 끼우지 못하면 그다음 단계로 나아갈 수 없게 되지요.

내담자가 영화와 연결되도록 돕기

저도 영화치료할 때 내담자와의 브릿징에 실패한 경험들이 있습니다. 상담 전에 충분히 검토하고 영화를 선정했음에도 불구하고 내담자에게 전혀 와 닿지 않았던 거예요. 예전에 대학생 집단상담에서 최애 영화『매디슨 카운티의 다리***』를 사용했는데 전혀 동일시되지 않았어요. 20대 초반 대학생들에게 50대 중년의 캐릭터는 너무 거리가 멀었던 거죠. 영화 캐릭터가 자신과 유사할수록 몰입되어서 자신을 객관적으로 바라본다는 것을 놓쳤던 거지요.『굿 윌 헌팅*』의 20대 초반 주인공 '윌'과 '스카일라' 초점의 편집 영상을 활용하면서 브릿징에 성공할 수 있었어요.

애착과 상실에 대한 주제의 집단상담에서 일본 영화『하치 이야기**』를 사용했었는데 놀랍게도 참여자 중 단 한 분도 동일시가 되지 않았어요. 이유를 확인하니 옆집 개가 매일 자기 집 정원을 짓밟아서 스트레스받고 있는 분도 계셨고, 어릴 때 개에게 물려서 죽을 뻔한 트라우마를 가진 분 등 각자 개와 관련된 나쁜 경험들이 있었던 거였어요.

상담자도 사람이니 온갖 실수를 합니다. 이럴 때 중요한 건 브릿징에 실패했다는 것을 솔직히 인정하고, 그 원인을 집단원과 함께 찾고, 그 주제로 상담을 진행하면 됩니다. 그리고 집단의 성격상 모두에게 적합한 영화를 선정하기는 어렵겠지만, 의견을 최대한 수렴해서 다음 영화 선정에 활용하면 되겠지요. 브릿징에 성공했다면 영화는 자신의 이야기를 풍성하게 할 수 있는 멋진 촉진제가 됩니다.

---

* 핍진성(verisimilitude): 문학작품에서 텍스트에 대해 신뢰할 만하고 개연성이 있는, 즉 그럴듯하고 있음 직한 이야기로 독자에게 납득시키는 정도
* 도깨비: 2016년 12월 2일부터 2017년 1월 21일까지 방영된 tvN 금토 드라마
* 매디슨 카운티의 다리(The Bridges of Madison County, 1995): 클린턴 이스트우드 감독. 중년의 사랑과 갈등을 섬세하게 그린 영화
* 굿 윌 헌팅(Good Will Hunting, 1998): 구스 반 산트 감독. 상처받은 천재 반항아와 그의 재능을 알아본 수학과 교수의 교감을 다룬 영화
* 하치 이야기(Hachi-ko Monogatari, 1987): 코야마 세이지로 감독. 교수와 반려견의 관계를 섬세하게 그린 실화를 바탕으로 한 영화

영화치료를 배우면
상담도 잘하게 되나요?

상담의 왕도는 꾸준히 한 걸음씩

초심 상담자와 상담 실무자들에게 가장 많이 듣는 질문 중 하나
예요. 영화치료를 잘하면 상담도 잘할 수 있느냐는 반짝반짝 빛나
는 표정으로 질문을 하시죠. 저는 잠시 망설여집니다. 새로운 학문
에 매력을 느끼고 부푼 기대로 설레는 이분에게 꿈과 희망을 줘야
할지, 냉정하게 찬물을 끼얹는 말을 해야 할지요. 결국 아쉽게도
후자를 선택합니다.

"상담에는 왕도가 없습니다. 탄탄한 심리학 지식과 상담이론과
기법을 연마해야 합니다. 이 중에서 어느 것 하나 소홀해도 훌륭
한 상담자가 될 수 없습니다."

냉정하게 말하곤 하지만 그렇게 질문하는 분의 마음도 충분히
이해됩니다. 저 또한 상담이 너무 어려워서 포기하고 싶은 적이 많
았고 좀 더 빨리 득도할 방법이 없을까 하는 판타지를 수시로 꿈
꾸었으니까요. 어디 상담만 그럴까요? 어떤 분야이든 왕도는 없습
니다. 현실은 '티끌 모아 태산'이고 '천 리 길도 한 걸음부터'라는

것 알잖아요. 방향을 명확히 정하고 제대로 가고 있는지 수시로 확인하면서 꾸준히 한 걸음씩 걸어가는 방법밖에 없습니다.

영화치료보다 상담이 먼저

영화는 심리치료에 활용하기에 매우 효과적인 매체입니다. 영화치료도 내담자를 조력하는 데 많은 도움을 줄 수 있지요. 영화치료를 잘하면 상담을 잘할 수 있나요? 라는 질문에 이렇게 답할 수 있겠네요. 먼저 상담을 잘하면 영화치료를 잘할 수 있다고. 예술치료도 결국 상담·심리치료의 한 분야니까요.

서투르고 힘들더라고 꾸준히 시도하고 꾸준한 슈퍼비전을 통해 탄탄한 실력을 닦으면 멋진 영상영화심리상담사가 될 수 있어요. 포기하지 마세요.

Q10

영화치료는
모든 내담자가 받아도 되나요?

NO! 정신병이 있는 경우

상담이 만병통치약이 아니듯 영화치료 또한 모든 내담자에게 다 적합한 것 아니에요. 영화치료 적용에 주의를 기울여야 할 내담자가 있습니다.

우선 정신장애가 있는 내담자에게 진행할 때는 각별한 주의가 필요합니다. 영화치료는 인지적 통찰을 바탕으로 진행되기에 사고에 어려움이 있는 내담자에게 적용하는 것에는 한계가 있어요. 그렇지만 인지기능이 높은 정신증 환자인 경우에는 영화치료가 효과적이라는 연구 결과도 있습니다. 반드시 슈퍼바이저의 도움을 받으면서 조심스럽게 접근하길 바랍니다.

아동도 인지적 성숙도가 낮다는 점에서 적용에 어려움이 있을 수 있어요. 가족치료로 영화치료를 진행한다면 최연소 가족 구성원인 아동이 이해할 수 있는 수준의 영화를 선택하는 것이 중요합니다. 아동 대상의 구조화된 영화치료 집단상담을 할 경우 놀이와 게임 등 활동적인 요소를 충분히 포함했을 때 아동들도 잘 따라

왔습니다. 대상의 발달 수준에 맞는 접근이 선행되어야겠지요.

NO! 트라우마가 있는 경우
심한 외상을 겪은 내담자는 영화 속 캐릭터와 스토리가 트리거가
되어 트라우마를 재경험하고 해리 상태를 가져올 수 있습니다. 따
라서 영화치료에 참여하지 않기를 권합니다. 가족 내 폭력이 있거
나 성폭력을 겪은 내담자에게 그와 비슷한 영화 내용이 매우 심각
하게 작용할 수 있어요. 트라우마를 완전히 극복한 내담자라면 그
수용 수준에 맞게 조심스럽게 접근하고, 이럴 때는 영화감상치료
보다는 영화만들기치료를 적극 권장합니다.

또한 영화를 좋아하지 않는 사람에게는 영화치료를 사용하지
마세요. 아무리 좋은 방법이라도 내담자가 선호하지 않으면 안 되
죠. 그림 그리기나 만들기에 두려움이 많은 내담자에게 굳이 미술
치료를 시도하지 않는 것과 같은 원리입니다. 심리치료의 기본은
항상 내담자 중심이니까요. 영화치료를 계획하기 전에 내담자의
선호 여부를 확인하고 영화 활용 여부에 대해 사전 허락을 받아
야 합니다.

이처럼 영화치료 대상에 제한이 있지만 문자 해독력이 약한 다
문화 아동, 청소년들에게도 접근하기 용이하고 어떠한 심리치료
이론과 다른 예술치료과도 통합적으로 활용할 수 있습니다. 특히
하늘의 별처럼 무수히 많은 콘텐츠를 활용할 수 있다는 것이 가장
큰 장점입니다.

엉켜버린 마음을 마법처럼 풀어주는 영화치료의 모든 것

영화와 상담심리가 만나다

초판 1쇄 인쇄 2023년 7월 5일
초판 1쇄 발행 2023년 7월 10일

지은이 김은지
그린이 소우
펴낸이 박지원
펴낸곳 도서출판 마음책방

출판등록 2018년 9월 3일 제2019-000031호
주 소 경기도 김포시 김포한강8로 410, 1001-76호(구래동, 스타프라자)
대표전화 02-6951-2927
대표팩스 0303-3445-3356
이메일 maeumbooks@naver.com

ISBN 979-11-90888-24-0 13180

저작권자 © 김은지, 2023